W0405156

Blanquer
Le cynique

Grand Maître
en
subversion scolaire

Tous droits réservés pour tous pays

Editions des Trianons 2020
ISBN 978-2-9519508-7-0

Toute reproduction même partielle, par quelque procédé que ce soit, est interdite sans autorisation préalable. Une copie par xérographie, photographie, support magnétique, électronique ou autre, constitue une contrefaçon passible des peines prévues par els lois du 11 mars 1957 et du 3 juillet 1985 sur la protection des droits d'auteur.

Claude MEUNIER-BERTHELOT

Blanquer Le cynique

Grand Maître en subversion scolaire

Préface de Didier ROCHARD

Editions des Trianons

Du même auteur

Editions des Trianons

- *Le trompe-l'œil de l'éducation (2000 – réédité en 2003 et 2012)*
- *Réponse à la lettre de Luc Ferry (2003) épuisé*
- *Bas les masques de la désinformation sur l''Ecole (2010)*
- *Comprendre la refondation de l'Ecole en 25 leçons (2012) épuisé - en cours de réédition,*
- *C'est l'identité française qu'on assassine (2015) épuisé - en cours de réédition,*
- *Blanquer, ce monstre froid (2018)*

Editions Apopsix

- *Ecole, la haute trahison (2017) épuisé*

Je tiens à remercier tout particulièrement Didier Rochard de m'avoir fait l'honneur d'accepter de préfacer cet ouvrage.

PREFACE

Le 3 décembre 2019, le « programme international pour le suivi des acquis des élèves » (PISA) publiait ses résultats : l'enquête confirme la place médiocre de la France, entre la 15ème et 21ème place sur 72 pays de L'OCDE.
Le ministère de l'Education Nationale réagit en confirmant le bien-fondé de *« réformes en cours »* (sic), notamment par le *« renforcement des méthodes de lecture et de mathématiques ».*
Tout serait donc en bon ordre !
Certes, les statistiques ne révèlent pas toute la réalité, mais le message est clair :
« Chers parents d'élèves, les évolutions pédagogiques laissent espérer une amélioration future des résultats de vos enfants » !
Prochaine enquête en 2024 ! demain...peut-être que... !
Pourtant, Stanislas Dehaene, directeur du conseil scientifique de l'Education Nationale reconnaît qu'en CM2 *« les meilleurs élèves d'aujourd'hui sont au niveau des pires d'hier » !*
Qui croire ?
Notre système éducatif et de formation professionnelle est, de toute évidence, inadapté aux besoins de notre économie, de nos entreprises, de notre société malgré les augmentations annuelles de crédit : il s'agit d'un véritable tonneau des Danaïdes.

Les réformes successives promulguées par les 34 ministres en charge de ce ministère depuis 1958 n'ont fait qu'aggraver la situation, chacun à sa façon et méthodiquement, ce qui est d'autant plus choquant qu'aujourd'hui, l'arrivée – toujours plus massive – de jeunes allophones (E.A.N.A, autrement dit, élèves allophones nouvellement arrivés) mobilise les moyens mis à la disposition des bonnes réformes au détriment du régime général des écoles « égalitaires » destinées à nos enfants.

Or, il s'agit non seulement de l'avenir de nos enfants mais également de celui de notre société, de notre civilisation !

Peut-on croire à la malchance, aux circonstances contraires, à l'incompétence ...

ou à une volonté délibérée ?

Le livre de Claude MEUNIER-BERTHELOT analyse parfaitement cette situation.

Il fallait l'expérience pédagogique concrète de l'auteur, son intelligence des situations et le discernement nécessaire pour décrypter les mensonges par pensée, par action et par omission, des organisateurs de la faillite de notre système d'éducation.

Nous assistons à un processus d'inversion des valeurs, à commencer par le vocabulaire et les appellations diverses destinées à tromper un public souvent trop naïf et complaisant.

Il faut lire attentivement cet ouvrage car, au-delà des constatations concernant l'Education Nationale, il nous instruit sur les méthodes de désinformation largement utilisées aujourd'hui dans bien des domaines.
Les mensonges de la propagande, docilement relayés par les medias grassement subventionnés, parviennent à « enfumer » agréablement une population de parents et d'éducateurs fascinés.
*« En conséquence de cette baisse de niveau scolaire et universitaire, on peut constater que des professions entières présentent d'ores et déjà d'évidents défauts d'expertise et qu'il y a peu de résistance, dans la population générale, aux différentes manifestations de la « pensée unique »**
D'où l'intérêt majeur de cet ouvrage.
L'éclairage qu'il apporte donnera aux parents et aux éducateurs, les arguments nécessaires pour combattre les manipulations qu'ils subissent.
Souhaitons que cette prise de conscience permette une reprise en main des parents « premiers éducateurs » pour l'instruction de leurs enfants.
Les ouvrages réalisés par Madame Claude MEUNIER-BERTHELOT sont en première ligne de ce combat.

Didier Rochard

**Phillippe Nemo - la régression intellectuelle de la France - Texquis - mai 2011 – p.17*

Introduction

Non ! Monsieur Blanquer n'est pas l'homme du renouveau de l'Ecole, contrairement à ce que tendrait à faire croire sa très habile mais aussi très pernicieuse communication, contrairement aux affirmations de la prétendue « grande...presse » qui, lorsqu'elle n'est pas ignorante, manifeste souvent une grande complaisance quand ce n'est pas de la complicité.
Pourtant un trop large public croit encore aux vertus restauratrices du personnage tant il est vrai que les personnes qui seraient susceptibles de le mettre face à ses propres turpitudes, de « mettre le doigt là où cela fait mal » n'encombrent ni les colonnes des journaux ni les studios de radio et de télévision grand public.
Néanmoins, les faits sont là, bien que travestis par une très habile et redoutable désinformation diffusée à jets continus aussi bien par le ministre lui-même que par la dite « grande presse », raison pour laquelle, malgré l'action dévastatrice de la politique éducative de JM Blanquer qui travaille sans relâche et avec une farouche détermination à la poursuite et à l'aggravation de la politique éducative engagée par ses prédécesseurs et par là même, à la destruction de l'institution scolaire et à sa métamorphose en « lieu de vie » pour nos enfants et au renforcement d'une école d'excellence pour les élèves issus de l'immigration,

une encore trop grande partie du public continue de l'encenser.

Avant d'aborder les sujets sur lesquels il y a maldonne - autrement dit sur quasiment tous les sujets - il est utile d'aborder la question de la désinformation qui nuit gravement à la compréhension des faits.

AVANT-PROPOS

UNE DESINFORMATION OMNIPRESENTE

Une désinformation omniprésente qui porte à la fois sur les objectifs de l'école, les moyens utilisés, les résultats obtenus ainsi que sur l'avenir de l'Ecole, désinformation maniée par JM Blanquer et ses sbires, avec une maîtrise et un cynisme qui ont de quoi donner le vertige.

Selon la définition retenue par le « Grand Robert », *« la désinformation est l'utilisation des techniques de l'information, notamment de l'information de masse, pour induire en erreur, cacher ou travestir les faits »*, ajoutons que l'objectif « in fine » est de provoquer une réaction du public en déphasage avec la réalité de la situation afin de neutraliser toute résistance qui puisse venir discréditer, contrecarrer voire, anéantir le projet du désinformateur.
La désinformation peut ne pas être volontaire et se faire à l'insu de la personne qui désinforme dans la mesure où ceux qui manipulent l'information ne sont pas nécessairement ceux qui la dispensent et se servent de personnes ou d'institutions-relais qui n'ont pas toujours une connaissance exacte de la réalité de la situation ; ainsi de journalistes qui prennent en relais

une information, la tenant pour exacte alors qu'elle recouvre des réalités bien différentes.

A cet égard, si certains peuvent être considérés comme complaisants, voire complices, d'autres ne cherchent pas à manipuler l'information et peuvent désinformer en toute « bonne foi ».

1 - Désinformation, pourquoi ?

Masquer les objectifs

La désinformation sur l'Ecole n'est pas un fait nouveau, elle existe depuis que les différents ministres de l'Education nationale s'appliquent à mettre en œuvre, à travers les différentes réformes qu'il suscite, le dispositif conçu par le plan Langevin-Wallon de 1947 dans le but de révolutionner le système scolaire français afin d'assurer la métamorphose de l'Ecole, institution d'enseignement mais aussi de formation intellectuelle, en une multitude de centres d'activités, d'endoctrinement et de loisirs, autrement dit, afin d'anéantir l'institution scolaire du primaire à l'université incluse et ce, dans l'objectif de crétiniser la population française, de la rendre malléable et dépendante du système en place, taillable et corvéable à merci.

Cette philosophie des révolutionnaires du système scolaire étant tellement opposée à celle de la grande majorité des français qui attendent tout naturellement de l'Ecole qu'elle réponde à son objectif traditionnel d'instruire et de donner une formation intellectuelle aux enfants, tellement opposée également à l'intérêt de la Nation française, qu'il s'est agi depuis lors, de les tromper, de les abuser, de faire semblant de vouloir, au contraire, à travers les réformes successives – mais dont l'ensemble n'en constitue qu'une seule - rehausser le niveau scolaire du plus grand nombre : c'est ce qui a été prétendu dès l'origine par les rédacteurs – communistes est-il besoin de le rappeler - de ce plan, dont l'objectif affiché était... *« la possibilité effective, pour les enfants français, de bénéficier de l'instruction et d'accéder à la culture la plus développée, afin que les fonctions les plus hautes soient réellement accessibles à tous ceux qui auront les capacités requises... »*, alors même qu'à cette époque, le système scolaire existant était encore fiable, basé sur la recherche de l'excellence, intelligemment hiérarchisé afin de permettre de dispenser une culture aboutissant à former des élites crédibles dans tous les domaines, à tous les niveaux et accessible à tous.

A cette désinformation qui vise à masquer les véritables objectifs des réformes successives destinées à l'Ecole de nos enfants, vient s'en ajouter une autre qui est celle de masquer désormais, qu'au terme d'un processus entamé depuis plus d'une vingtaine d'années et qui consiste en l'existence de structures spécifiques d'excellence en faveur des populations issues de l'immigration du primaire à l'enseignement supérieur de prestige, désormais deux systèmes éducatifs fonctionnent en parallèle en vertu de la loi de refondation de l'école du 7 juillet 2013 : l'un pour nos enfants qui signe son anéantissement par le fait de l'aboutissement de la mise en œuvre du plan Langevin-Wallon basé sur la disparition de la transmission des savoirs par des cours et leur remplacement par des activités, l'autre pour les élèves issus de l'immigration, basé sur des cours et la recherche de l'excellence des résultats : autrement dit, il s'agit de la disparition d'une véritable Ecole pour nos enfants et de la généralisation d'une Ecole d'excellence pour les élèves issus de l'immigration : un chassé-croisé, en quelque sorte.

C'est ainsi que la grande caractéristique de la communication-désinformation dispensée par JM Blanquer consiste à présenter les dispositifs destinés uniquement aux élèves issus de l'immigration dans les réseaux d'éducation prioritaire (R.E.P et R.E.P+) où se pratique cette politique d'excellence, comme s'ils étaient applicables à tous, autrement dit également à nos enfants, ce qui abuse pratiquement tout le monde, y compris certains journalistes : c'est ce qui lui vaut sa popularité.

Ainsi de l'éditorial de Vincent Trémolet de Villers dans le Figaro-Vox du 21 octobre 2019 relatif à JM Blanquer : *« …Il* (JM Blanquer) *croit, comme les vieux maîtres de la communale, aux vertus de l'orthographe, de la syntaxe, de la chronologie. Au « point médian », ce grumeau de l'écriture inclusive, il préfère les amples étendues qu'offre le point-virgule… »,* ce lyrisme étant loin…vraiment très loin de traduire la réalité du personnage et de sa politique éducative pour nos enfants.

Masquer les moyens

Cette nouvelle philosophie de l'Education explique le chamboulement des méthodes pédagogiques et le contenu de l'enseignement dispensé, de même que l'esprit laxiste instillé dans l'institution scolaire sous couvert des meilleures intentions et ce, pour nos enfants seulement.
Ainsi, des méthodes de lecture de nature globale, à l'origine de tous les dérèglements intellectuels et généralisées dès les années 1950 en remplacement des méthodes alphabétiques - dites « syllabiques » - qui ne sont plus désignées ainsi, tellement les parents savent combien elles pervertissent les apprentissages propres à structurer intellectuellement les enfants – et c'est bien l'objectif visé, mais elles sont toujours utilisées – hors R.E.P. (réseaux d'éducation prioritaire) - malgré les dénégations faites à ce sujet et, pour masquer cet usage, elles sont appelées *« visuelles »*, *« phonétiques »*, *« par hypothèse »* ou même *« syllabiques »* ; ce dernier terme par lequel sont désignées improprement les méthodes alphabétiques est également utilisé par JM Blanquer pour désigner les méthodes prétendument utilisées pour tous les enfants, créant ainsi la confusion, prétendant abusivement au retour aux méthodes traditionnelles alors qu'en réalité, lorsqu'il décrit les mécanismes d'apprentissage de la lecture qu'il préconise pour nos enfants, il s'agit bien de la

pérennisation de l'usage des méthodes de nature globale.
JM Blanquer ne modifie rien pour nos enfants, mais le public le croit, du fait de ces abus de langage.
A cet égard, la grande presse titre « *Blanquer bouscule l'apprentissage de la lecture* ».
Elle laisse croire ainsi, à la généralisation de la pratique de la méthode alphabétique de lecture alors que cette « bousculade » (sic) concerne uniquement les élèves des « réseaux d'éducation prioritaire » (REP et REP+), autrement dit très majoritairement les élèves issus de l'immigration.
Pour nos enfants, JM Blanquer reste dans la logique de Philippe Mérieu, directeur de l'I.U.F.M. de Lyon et éminence grise de Claude Allègre, initiateur de la révolution scolaire qui se met en place depuis, et qui avait écrit dans son livre « Ecole ou la guerre civile » : *« les méthodes pédagogiques prônées par la recherche pédagogique n'ont jamais eu pour sens de poursuivre autrement les mêmes buts que les méthodes traditionnelles - transmettre le savoir, initier à la science - mais ont été intentionnellement conçues pour permettre la scolarisation des milieux populaires, fût-ce au détriment de la poursuite par tous les autres, des objectifs traditionnels de toute pédagogie ».*

Bien entendu, cette déclaration n'a jamais été médiatisée.
Le silence est également un excellent moyen de désinformation !

Masquer les résultats

Pour accréditer l'idée des bienfaits apportés au système éducatif par ces nouvelles pédagogies et par l'esprit laxiste instillé dans l'institution scolaire et masquer le marasme intellectuel qui en a résulté, notre système a généré en soixante ans, une augmentation magistrale du nombre de bacheliers par la réduction constante des exigences.

Tous nos ministres s'en sont félicité ; Xavier Darcos, alors secrétaire d'Etat au ministère de l'éducation, avait souligné triomphalement que le nombre de bacheliers avait été multiplié par douze ! Cela n'a jamais relevé du miracle pour autant !
Ces résultats ont été obtenus par la réduction des exigences à tous les niveaux de la scolarité - une matière ou un sujet est trop difficile, il est supprimé - par la suppression des différents paliers de sélection – suppression de l'examen d'entrée en 6ème par exemple - ou leur dévoiement comme le brevet des collèges désormais obtenu, pour une très large part, par un contrôle continu – véritable auberge espagnole - dont les résultats sont complaisamment surévalués et dont le système est mis en place par JM Blanquer pour le bac nouveau prétendument « remusclé »(sic) alors que ce dispositif signe, au contraire, son effondrement.
Par le fait des circonstances prétendument « sanitaires », le bac 2020 a été obtenu de cette façon

avec un taux de « réussite » jamais égalé...92% ! C'est dire si le niveau monte !
De toutes façons, depuis des décennies, dans la foulée du brevet dévoyé, le taux magistral de réussite au bac a été obtenu par le choix de sujets faciles, des barèmes très lâches qui font fi des exigences les plus élémentaires, également par des coefficients gonflés dans les disciplines non fondamentales où les candidats avaient le plus de chance d'obtenir les meilleurs résultats et aussi par une pression constante sur les examinateurs afin qu'ils ne « pénalisent pas » (sic) les candidats par une notation qui aurait correspondu à la réalité de leur travail, ce qui aurait abouti à des résultats catastrophiques.
Les universités ont été prises dans cet engrenage, contraintes de réduire drastiquement leurs exigences et d'appliquer la « règle du plus petit commun dénominateur » puisqu'elles ont accueilli un public universitaire porteur de lacunes considérables.
De ce fait, les diplômés de l'enseignement supérieur ont depuis des années, des compétences forcément très amoindries par rapport à leurs homologues antérieurs.

A cet égard, un professeur d'université déclare : *« Pourquoi mes étudiants en droit sont-ils si nuls ? la cause principale de la baisse de niveau est l'insuffisante maîtrise de la langue française, c'est-à-dire l'outil nécessaire à la compréhension et à l'expression quelle que soit la discipline envisagée, c'est le handicap majeur d'une grande partie des étudiants ».*

Cette situation est la résultante de la pérennisation des méthodes de lecture de nature globale basées sur la mémoire quand les méthodes alphabétiques de lecture sont appréhendées par la logique avec le concours de l'analyse grammaticale et logique.
Ce même professeur déplore également *« un nombre grandissant d'étudiants médiocres, ce qui n'empêche pas le nombre de diplômés de progresser, le degré d'exigence étant indexé sur le niveau réel du plus grand nombre ».*
Ce constat est corroboré par le responsable d'un centre de recherche nucléaire qui a déclaré : *« il y a 25 ans, un ingénieur était capable de concevoir un moteur de réacteur, aujourd'hui, il n'est capable que d'en faire la maintenance ».*

Masquer l'avenir de l'école

Afin de permettre la rupture définitive avec l'Ecole de la transmission du savoir, est prévue la décentralisation qui consiste, en l'espèce, à donner tout pouvoir aux chefs d'établissements dans le choix du personnel, également dans le choix du projet d'établissement.

Ce dispositif, qui apparait comme un espace de liberté salutaire apte à permettre une amélioration de la qualité du système éducatif n'est qu'un « faux nez » dans la mesure où cette liberté s'exerce, non pas dans le cadre de cours dispensés, mais d'activités réalisées en lieu et place des cours, activités que les différents ministres de l'éducation qui se sont succédé - y compris Blanquer - maquillent en énonçant un soi-disant principe d'« interdisciplinarité », principe qui consisterait en ce que l'élève s'instruise dans différentes disciplines – matières - à la fois ce qui, bien entendu, est un leurre et aboutit à faire disparaître en grande partie la transmission des savoirs et notamment, la culture française !

Dans le même temps, le métier d'enseignant est métamorphosé en métier d'animateur du fait de la suppression à terme, de l'enseignement disciplinaire - par matière - dans leur formation.

Cette métamorphose est corroborée par la baisse du niveau des concours de recrutement (C.A.P.E.S par exemple, dont les exigences sont ramenées à celles du lycée) avant que ne soit acquise leur suppression - déjà envisagée - et par le recrutement de personnels sans qualification – E.A.P. « emplois-avenir-professeur » créés par Vincent Peillon et dont NV Belkacem a précisé qu'ils deviendraient la voie normale du recrutement.

Ils sont rebaptisés « assistants d'éducation » ou « contractuels » par JM Blanquer, mais rien qui ne soit modifié quant au contenu.

Ces contractuels sont ensuite formatés entièrement dans les IUFM/ESPE - rebaptisés INSP (Instituts nationaux supérieurs du professorat) par JM Blanquer - temple de ce qui est appelé le « pédagogisme » mais qu'il serait plus approprié de qualifier d'anti-pédagogie et pour lesquels la philosophie et la pratique restent inchangées :

« le professeur n'a rien à transmettre...il ne doit pas être un référent pour l'élève... ».

2 – Désinformation, comment ?

Les moyens pour désinformer sont nombreux : faire des vœux pieux, manier l'ambiguïté, suggérer, renommer des dispositifs sans modifier le contenu, rester silencieux, médiatiser des intentions louables et prendre des décisions contraires en catimini.... « mixer » des dispositions contradictoires, poser un principe de base en début de discours et dire le contraire tout à fait à la fin, saucissonner les sujets afin de laisser se perdre la vision d'ensemble, passer rapidement d'un sujet à l'autre ... la liste n'est pas exhaustive !
JM Blanquer excelle dans ces exercices de style !

Faire des vœux pieux

Fixer des objectifs sans en définir les moyens.

Ainsi, le *« il faut »* si commode, qui a l'immense mérite de faire l'effet d'une ferme volonté et de ne pas engager ses auteurs, et ce si pratique aussi *« l'Ecole doit »* employé pour le même usage, formules accommodées d'un discours à l'unisson de ce que veulent entendre les français sur l'avenir de l'Ecole.
Ces déclarations d'intention produisent le meilleur effet sur le public qui en déduit très logiquement que

les décisions prises vont concorder avec l'intention affichée.
Il n'y aurait donc pas lieu que nos ministres et ceux qui les inspirent, se privent d'en user.

Annonce contraire au contenu

Ainsi, le magazine « Marianne » dans son édition de rentrée 2019 titre :
« *Ecole, çà bouge enfin ! jusqu'où ira Blanquer ?* »
Un titre plein de promesses !

En réalité, la lecture de l'article nous apprend que JM Blanquer déclare tout simplement :
« Je ne suis pas en train d'énoncer des mesures précises, il faut raisonner par objectifs et savoir vers quoi nous voulons aller…pour le bien des enfants… » également :
«…notre objectif est de sortir de la vulgate globalisée en mêlant à la fois des universaux et des spécificités nationales…tout doit être sur la table… »
Alors, Ecole, çà bouge ?
Ce type de « manchette » est très fréquent dans la mesure où la presse table sur le fait que la majeure partie du public verra le gros titre dans les « points-presse » - des gares notamment - mais peu liront l'article.
L'impact du message que l'on veut transmettre d'un ministre qui remet de l'ordre dans la maison Education est donc considérable alors que le message ne repose sur rien !

Manier l'ambiguïté

Lorsque JM Blanquer déclare prendre des dispositions salutaires pour les *« élèves les plus fragiles »,* le public pense que ces dispositifs sont destinés aux élèves qui ont des difficultés scolaires et cette intention est bien perçue.
En réalité, par « *élèves les plus fragiles* », JM Blanquer désigne seulement les élèves des réseaux d'éducation prioritaire – R.E.P et R.E.P+ - se gardant bien de prononcer les mots *« élèves issus de l'immigration »*.
Ainsi, le dispositif « *devoirs faits* » qu'il prétend destiné à tous les élèves des collèges, n'existe que pour ces élèves-là et non pour ceux de nos enfants qui ont des fragilités intellectuelles.
De même lorsqu'il parle d'« *élèves défavorisés* » ou de « *collèges défavorisés* », il s'agit seulement d'élèves et de collèges de R.E.P et de R.E.P+.
Egalement, lorsqu'il prétend rétablir les cours de latin et de grec, en réalité, il s'agit de la pérennisation des cours de latin-grec et dans les R.E.P. uniquement.

Intentions et dispositions contradictoires

Les « pédagomanes », dont ceux du C.S.E. - Conseil Supérieur de l'Education - n'ont pas hésité à déclarer *:*
11
« Le socle commun doit assurer une formation de qualité et non proposer un enseignement au rabais, il a pour but de tirer vers le haut ceux qui éprouvent des difficultés ».

Il ne faut pas manquer d'aplomb quand les solutions préconisées et appliquées par ce même conseil vont totalement à l'encontre de l'amélioration du système éducatif, à savoir, les délires pédagogiques tels que le constructivisme, les pédagogies de projet...autrement dit, il s'agirait de la construction du savoir par l'élève lui-même au cours d'activités considérées comme des « projets », projets reposant sur le prétendu principe de « pluridisciplinarité », principe sur lequel est basée la majeure partie de la scolarité mise en œuvre par JM Blanquer dans le prolongement de l'action de ses prédécesseurs et qui consisterait en ce que la réalisation d'activités permettrait à l'élève de s'instruire dans différentes matières à la fois.
Ces mêmes « pédagomanes » ont également mené une véritable guerre contre Gilles de Robien, ministre de l'Education de 2005 à 2007 - et alors même que JM Blanquer faisait partie de son Cabinet...- en contrecarrant son projet de retour aux méthodes alphabétiques d'apprentissage de la lecture quand le simple fait de revenir à ces méthodes constituerait le point de départ *« pour tirer vers le haut ceux qui éprouvent des difficultés »*.
C'est ainsi que les méthodes de nature globale sont maintenues pour nos enfants malgré les dénégations de nos gouvernants, constituant le nœud de leurs difficultés scolaires et mettant ainsi leur avenir en péril.
Tous ces « pédagomanes » le savent parfaitement : quand bien même ils déclarent vouloir *« tirer vers le*

haut ceux qui éprouvent des difficultés », ils font tout pour tirer tous les enfants – y compris ceux qui n'ont pas de difficultés - vers le bas. Néanmoins, cette déclaration produit le meilleur effet sur le public. C'est précisément fait pour cela.

Poser un principe démenti seulement en fin de discours.

Au sujet du portable, au journaliste qui demande à JM Blanquer s'il va l'interdire, le ministre répond clairement, sans aucune ambiguïté, un « oui » ferme.
Puis il continue à discourir et il faut attendre la fin de son discours pour l'entendre dire :
« ... Parfois on peut avoir besoin du téléphone portable pour des usages pédagogiques... donc, il faut qu'il soit en quelque sorte confiné, ce qui d'ailleurs, au passage, existe déjà ; il y a des collèges qui réussissent à le faire, donc ceux qui disent que c'est impossible, je les renvoie à ce que nous avons fait ».
Autrement dit, JM Blanquer ne change rien, mais la présentation de son discours fait que le public retient qu'il va interdire le portable !
Egalement au sujet de la laïcité, JM Blanquer déclare - sans rire - au micro de RTL le 10/12/2017 :
« La laïcité a été conçue comme une loi de liberté et çà l'est toujours ...Personne ne doit imposer à autrui quoi que ce soit en la matière, que ce soit d'individu à individu, que ce soit de la part de l'Etat vis-à-vis des individus », mais plus loin, il déclare :

« La règle, c'est évidemment qu'on ne peut pas aller contre les valeurs de la République et enseigner dans l'Ecole de la République » ! la chose et son contraire.
De même dans le vade-mecum de la laïcité - document de 70 pages produit par JM Blanquer au printemps 2018 ; présenté sous forme de fiches, le principe posé est celui de l'« *interdiction de port de signes ou tenues manifestant ostensiblement une appartenance religieuse* » et il faut attendre la fin du texte, dans l'avant-dernière fiche, pour voir finalement inscrit : *« les intervenants extérieurs ont le droit de manifester ostensiblement leurs convictions philosophiques ou religieuses »*. Les imams peuvent s'en donner à cœur joie !
Soulignons d'ailleurs que, dans le même temps et dans le même texte, il est demandé la pleine soumission aux valeurs de la république mais...pour le personnel « enseignant », uniquement !

Suggérer

Dans l'exposé des motifs de la loi, JM.Blanquer indique que *« la formation des personnels est une condition essentielle de l'élévation du niveau général ».*
Ce discours laisse supposer que le ministre va mettre en œuvre les moyens nécessaires pour assurer cette élévation.
Certes, il ne l'a pas dit, mais...
C'est ainsi qu'évoquant les fameux « I.N.S.P » (Instituts Nationaux Supérieurs du Professorat) – qui ne sont en

réalité que les I.U.F.M/E.S.P.E rebaptisés - il déclare : « *....Nous les concevons comme de véritables écoles professionnelles positionnées au sein de l'Université ...Ils accompagneront le pré-recrutement des professeurs, Nous devons permettre d'enseigner à ceux dont les familles ne peuvent pas soutenir le coût des études* ».
Qu'est-ce à dire ?
Que le recrutement se fait désormais sur la base de personnels sans qualification, en majeure partie auprès des populations issues de l'immigration, entièrement formatés par la suite dans les I.N.S.P. qui deviennent de « *véritables écoles professionnelles* » ; il s'agit donc d'un cursus où la formation universitaire disparaît.
Alors que la remarque de JM Blanquer suggère l'idée qu'il va rehausser le niveau de la formation des personnels, c'est exactement l'inverse qui se produit.

Utiliser des mots « piégés »

Jouer sur des mots auxquels deux sens peuvent être donnés est également tout un art dans le domaine de la désinformation.
Ainsi de la « refondation » du système éducatif.
Ce terme est plutôt bien perçu par le public qui traduit cet objectif par une intention de « restauration » de l'institution scolaire, d'autant que cette déclaration de « refondation » est toujours accompagnée d'un discours exaltant la volonté d'une amélioration des résultats à atteindre, d'une élévation générale du niveau.

Or, la refondation du système scolaire aboutit au contraire, à une mutation profonde de l'Ecole en une multitude de centres d'activités et d'endoctriment du primaire à l'université, autrement dit, cette refondation signe la disparition de l'institution scolaire.
Cette confusion relative à la « refondation » remonte à son origine.
Ce terme fut emprunté par Nicolas Sarkozy (alors Président de la République) à un groupe de professeurs ayant pris l'appellation « G.R.I.P » (groupe de réflexion interdisciplinaire sur les programmes).
Ce groupe avait initié, à titre expérimental, un retour aux méthodes traditionnelles pour aboutir à une « refondation » globale du système scolaire, terme utilisé dans le sens d'une restauration .
Or, la « refondation » du système scolaire pour nos enfants dont tous nos ministres de l'Education se font les chantres depuis, est tout à fait contraire à cet objectif : l'école est bien « refondée », autrement dit, elle repose sur des fondements différents, mais au lieu d'une restauration, c'est exactement l'inverse qui se produit : l'Ecole devient un simple lieu de vie, comme l'avait préconisé Jack Lang, alors ministre de l'Education. De même, en ce qui concerne les méthodes de lecture, deux sens peuvent être donnés à une même désignation.
Ainsi, les méthodes alphabétiques sont appelées improprement « syllabiques » quand les méthodes de nature globale sont également appelées improprement « syllabiques » par JM Blanquer en raison du fait qu'à

un moment du processus de décomposition des mots appris par cœur, le découpage se fait en « syllabes », ce qui permet au ministre de ruser et de faire croire au public qu'il en revient aux bonnes méthodes traditionnelles qui ont fait la preuve de leur efficacité depuis longtemps, ce qui est totalement faux.

Renommer un dispositif sans modifier le contenu

Tel est le cas des I.U.F.M. (Instituts Universitaires de Formation des Maîtres)

La « loi Fillon » du 23 avril 2005 d'orientation et de programmation pour l'avenir de l'école modifie le statut des I.U.F.M : de « rattachés » aux universités et donc ayant une personnalité juridique propre, ils sont devenus « intégrés » aux universités, perdant ainsi leur personnalité juridique mais non leur existence, et avec pour objectif, non pas d'être absorbés par les universités contrairement à ce que nous pourrions être tentés de croire, mais qu'ils deviennent maîtres de l'université et ce, dans le but d'anéantir, à terme, la formation universitaire.
La loi avait donné trois ans à ces I.U.F.M pour être intégrés dans l'une des universités auxquelles ils étaient rattachés.
C'est la raison pour laquelle en 2008, une fois cette intégration acquise, Nicolas Sarkozy a travesti la réalité en annonçant la suppression (sic) des I.U.F.M tant décriés alors qu'ils avaient seulement changé de statut.

Ils ont ainsi perduré.
Ils ont gardé la même philosophie, les mêmes errements anti-pédagogiques, le même personnel et aussi, le même pouvoir de nuisance.
Puis, il a été prétendu que cette « suppression » (sic) – qui, en réalité, n'a jamais eu lieu - était dommageable et, par la loi du 8 juillet 2013 d'orientation et de programmation pour la refondation de l'école de la République, furent soi-disant « créées » (sic) par Vincent Peillon, les E.S.P.E. (écoles supérieures du professorat et de l'éducation).
En réalité, il s'est tout simplement agi de la nouvelle appellation des I.U.F.M. qui n'avaient jamais disparu.
Il fut bien rappelé que ces écoles étaient des composantes des universités, avec pour mission la formation initiale et continue des enseignants, autrement dit, assurant l'intégralité de la formation des nouvelles recrues sans passer par la case « licence »
Et nos ministres de l'éducation ne s'arrêtant pas en si bon...chemin, par la loi pour « l'école de la confiance » adoptée le 30 janvier 2019, JM Blanquer a prétendu créer les I.N.S.P. « Instituts Nationaux Supérieurs du Professorat » en remplacement des E.S.P.E. (Ecoles Supérieures du Professorat et de l'Education) :

Ce sont toujours les I.U.F.M qui n'ont jamais été supprimés.
Ils sont tout bonnement devenus E.S.P.E par un simple changement d'appellation et rebaptisés I.N.S.P. par JM

Blanquer, sans que rien ne soit modifié, hormis l'appellation.

Mentir sans vergogne

Dans l'exposé des motifs de la loi sur l'Ecole de la confiance, JM Blanquer prétend que *« les lois successives relatives à l'instruction obligatoire prônent l'égalité entre tous les enfants de France, sans distinction aucune ».*

C'est ainsi que le ministre insiste lourdement sur les dédoublements des classes de R.E.P. et de R.E.P+ dans la mesure où cette disposition peut paraître souhaitable dans certains cas, afin d'assurer l'égalité des chances, et cette disposition est plutôt bien perçue par le public, mais JM Blanquer se garde bien de dire que, non seulement ces dédoublements se font au détriment de nos enfants puisque des postes d'enseignants pour nos enfants sont supprimés pour les attribuer aux élèves issus de l'immigration dans les R.E.P. (réseaux d'éducation prioritaire), mais par surcroît, ce ne sont ni les mêmes programmes ni les mêmes méthodes qui s'appliquent aux élèves des R.E.P qui bénéficient d'une scolarité d'excellence avec des « moyens efficaces » (sic) - méthodes alphabétiques de lecture notamment - dont ne bénéficient pas nos enfants.

Il y a donc une inégalité flagrante et voulue par le ministre au profit des élèves des R.E.P, contrairement à ce qu'il déclare.

Il se garde bien d'évoquer cet aspect du sujet et le public a une perception totalement faussée de la réalité.

Egalement, l'autonomie des établissements scolaires tant prônée et brandie par JM Blanquer, de même que le recrutement du personnel d'« enseignement » qui doit se faire sur profil par chaque chef d'établissement, laissent supposer qu'ayant davantage de liberté, ces établissements deviennent assimilables à des écoles privées et que ces dispositions constituent des leviers permettant une amélioration de la qualité du système éducatif.

Or, c'est exactement l'inverse qui se produit.

Compte-tenu du fait que la philosophie du système éducatif a changé – de lieu d'instruction, il devient un lieu de vie et d'endoctrinement - qu'en conséquence, la majorité des cours est remplacée par des activités, que le recrutement des personnels d'encadrement se fait sur la base de candidats sans qualification avec une priorité pour les boursiers sur critères sociaux, le niveau ne peut que s'effondrer.

De ce fait, l'autonomie des établissements permet seulement de calquer les activités proposées aux enfants sur l'environnement socio-culturel local mais ne sert en rien l'élévation du niveau scolaire.

Ce n'est d'ailleurs pas ce qui est recherché pour nos enfants mais seulement prétendu et cette disposition en « trompe-l'œil » abuse le public.

« Saucissonner » le discours

Autre moyen de désinformation couramment utilisé : le « saucissonnage », c'est-à-dire présenter les réformes les unes après les autres avec une distance suffisante pour que se perde la vision d'ensemble.

Or, pour comprendre les réformes entreprises et leur impact, il faut avoir une vision d'ensemble de la révolution du système éducatif depuis le début de la mise en œuvre du plan Langevin-Wallon de 1947.

En effet, le démantèlement du système scolaire français s'est fait par étape dans une logique de révolution lente où chaque réforme a succédé à l'autre de façon méthodique et progressive.
« Saucissonnant » les décisions prises, servant les « plats empoisonnés » les uns après les autres avec une distance suffisante pour que le poison s'infuse lentement et que les raisons qui justifient les décisions prises ne soient pas perçues, se perd la vision d'ensemble ainsi que les dramatiques enjeux pour l'avenir de notre société, de la politique menée par ceux-là même qui sont censés nous gouverner.
C'est la raison pour laquelle les ministres passent rapidement d'un sujet à un autre, de telle sorte que personne n'ait le temps de faire l'analyse de la situation et d'en déduire les conséquences.
Ce système fait la preuve de toute son efficacité auprès du public qui ne saisit pas la portée des faits.

Changer le ministre

Pour « noyer le poisson », une pratique courante est celle de passer d'un ministre à l'autre. Depuis 1958, 34 ministres se sont succédé à la tête du ministère de l'Education nationale, sans compter les secrétaires d'Etat.
Aussitôt qu'un ministre est contesté pour une ou des mesures prises - et il l'est forcément depuis la mise en œuvre de la « mise en coupe réglée » de l'Education Nationale – un nouveau ministre est désigné afin de faire accréditer l'idée que le malaise résultant de la politique éducative est consubstantielle au ministre en poste et non au système, et qu'en passant de l'un à l'autre, la politique éducative est susceptible d'être meilleure.
Ce moyen gagne du temps ; le public est en attente alors qu'en réalité, tant les ministres de prétendue droite que ceux de vraie gauche font rigoureusement la même politique puisqu'il s'agit de mette en œuvre par étape, le plan Langevin-Wallon, aidé en cela d'un syndicat co-gestionnaire (certains affirment même gestionnaire tout court) autrement dit la F.E.N (Fédération de l'Education Nationale), « disparue » des cadres et remplacée par l'U.N.S.A. (Union Nationale des Syndicats Autonomes) depuis l'aboutissement de ce plan par la réforme de Claude Allègre qui a fait basculer le système éducatif en lieu de vie.
Depuis, cette réforme fondamentale et révolutionnaire a été progressivement mise en œuvre par les différents ministres - tant de prétendue droite que de vraie

gauche - qui se sont succédé à la tête de l'Education Nationale.

S'exprimer dans un langage ésotérique

Les ministres qui se succèdent à la tête de l'Education Nationale nous « enfument » sans vergogne, usant d'un langage pseudo-scientifique qui varie à l'infini pour masquer le vide du contenu ou sa dangerosité.
NV. Belkacem, alors ministre de l'Education, avait déclaré : « *...Les futurs programmes de français comprendront des éléments culturels et linguistiques latins, mais aussi grecs, pour éclairer la construction de la langue française...* - et ceci -... *pour rendre les langues anciennes accessibles à tous...* » ; il serait donc prévu d'intégrer latin et grec aux cours de français pour, en quelque sorte, « démocratiser » les langues anciennes, autrement dit, les mettre à la portée de tous.
A quel prix ? au prix de leur non-existence, car... pour intégrer latin et grec aux cours de français, il faudrait que les cours de français existassent encore !
Or, dans le cadre de la réforme du collège, l'option latin-grec est supprimée pour en faire ce qui est désigné du terme fumeux d'« *...enseignement pratique transdisciplinaire dérogatoire...* ».
Qu'est-ce à dire ?
Que l'« *enseignement pratique transdisciplinaire dérogatoire* » n'est pas un enseignement ; il s'agit d' activités pratiques choisies par les « élèves » en remplacement des cours sur la base de thèmes qui

servent de programmes au cours desquelles ils sont censés apprendre dans différentes disciplines – matières - à la fois – en l'occurrence, « français-latin-grec » - c'est ce qui est désigné également du terme d' « *enseignement pratique interdisciplinaire* ».
Basé sur un soi-disant principe de « *transversalité* », de *« transdisciplinarité »* - il est désigné également ainsi : « *projet d'élève* », *« travaux personnels encadrés* », « *travaux personnels de réussite éducative* »...enfin bref ! tout un arsenal d'appellations interchangeables qui se succèdent et se chevauchent pour nous enfumer alors que ces appellations correspondent à de simples activités de patronage et, en faisant ces activités, l'élève est censé apprendre le français en même temps que le latin et le grec et tout cela, tout seul, simplement accompagné dans son projet par un « enseignant » qui n'enseigne plus.
C'est génial ! Comment n'y avions-nous pas pensé plus tôt ?
Le problème est que ce jargon que nos gouvernants font passer pour des méthodes pédagogiques pseudo-scientifiques *« issues des recherches de pointe » (sic)* abuse beaucoup trop de personnes et fait obstacle à toute réactivité et c'est bien le but recherché.
Voici ce que rapporte une jeune collègue de lettres enseignant en collège :
«...Le 'cheval de bataille' de l'Education Nationale, ce sont les 'compétences' et c'est ainsi que lors d'une inspection de titularisation, l'inspectrice a déclaré : '...Votre objectif premier ne doit pas être la transmission

de la langue française ou du goût de la lecture mais de faire valider des compétences... ', cette jeune collège ajoutant :
« Résultat : il est fait de tout et de n'importe quoi une compétence à construire et à développer.
Ainsi, la valorisation d'un bon comportement face à un intervenant extérieur type « resto du cœur », ou bien l'organisation d'un anniversaire, etc... »
Ces différents types de désinformation ne sont donnés qu'à titre d'exemple mais en rien exhaustifs car pour nos gouvernants, tout est bon pour masquer la réalité et abuser le public, déployant un zèle tout à fait particulier avec un cynisme et une aisance qui ont de quoi nous laisser « interdits ».

3 - JM Blanquer en flagrant délit de désinformation

Un modèle du genre, parmi beaucoup d'autres : le discours totalement désinformateur de JM Blanquer lors d'un entretien accordé à Paris-Match à la rentrée 2018.

Accès à l'enseignement supérieur - Parcoursup

Le journaliste : Plus de 15000 étudiants attendent une réponse pour leur formation post-bac...

JMB –*« ... L'immense majorité des candidats a une affectation : le travail mené a permis d'éviter un tirage au sort particulièrement injuste... »*

Relevons que JM Blanquer souligne, d'une part que « *l'immense majorité des candidats a une affectation* » sans donner de chiffres et ce qui est retenu c'est « *l'immense majorité* » d'autre part, il se garde bien de dire si cette affectation correspond aux vœux émis par le postulant à l'enseignement supérieur, et pour cause !
Ainsi, à la rentrée 2018, dans l'académie de Limoges, 900 étudiants se sont retrouvés en « psycho » faute d'avoir pu obtenir la formation correspondant à leurs voeux ! il est fort douteux que, pour la très grande majorité d'entre eux, cette affectation ait correspondu à leurs souhaits !
Par ailleurs, en ce qui concerne le nombre d'étudiants attendant une réponse, admettons qu'il n'y en ait pas plus de 15000, c'est ce que le journaliste...complaisant affirme, pour ne pas mettre en difficulté le ministre alors même que d'autres sources relaient des chiffres beaucoup plus élevés, mais 15000 sans réponse, c'est déjà beaucoup et en tout cas, ce n'est pas mieux que le système précédent 'A.P.B' (Admission Post-Bac). C'est en tout cas, ce qu'a confirmé un collectif de syndicats représentatifs (U.N.E.F, U.N.I, F.S.U, F.C.P.E, Ferc C.G.T) : *« Parcoursup n'a quantitativement apporté aucun bénéfice par rapport à A.P.B »* .
D'ailleurs, il faut reconnaître que JM Blanquer n'a pas dit que le résultat était meilleur, il l'a seulement suggéré en soulignant que *« l'immense majorité a une affectation »* et en biaisant sur une *« absence de prétendu tirage au sort particulièrement injuste »* qui apparaissait la mesure la plus extravagante de la

formule précédente d'accès à l'enseignement supérieur (A.P.B – Admission Post-Bac).
Or, rien ne dit qu'il y ait eu réellement tirage au sort dans la formule A.P.B, personne n'en sait rien étant *donné l'opacité du système, mais cette remarque laisse à penser que ce nouveau système est plus juste sans qu'aucune preuve* n'en soit néanmoins rapportée.
Pour autant, selon un jeune professeur qui fait travailler des élèves pour leur entrée dans l'enseignement supérieur et notamment dans les classes préparatoires, 67000 élèves auraient été orientés 'par erreur' (sic) dans une filière autre que celle demandée pour, au bout du compte, s'entendre dire qu'ils n'étaient pas pris dans la filière souhaitée, ajoutant que *« certains élèves brillants se sont retrouvés sans aucune préparation ».*
Ce qui est très significatif de la véritable vocation de ce système, corroboré par l'assertion du ministre qui ajoute : *« nous avons facilité l'accès des bacheliers professionnels aux B.T.S ».*
Autrement dit, tant *« A.P.B »* que « *Parcoursup* » sont des dispositifs uniquement destinés à brouiller les pistes pour faciliter l'accès à l'enseignement supérieur d'élèves qui n'ont pas le niveau exigé et n'auraient aucune chance d'être sélectionnés par la procédure habituelle, ceci se faisant bien entendu, au détriment d'élèves brillants.

Réformes entreprises ?

Journaliste – *« Quels constats tirez-vous des réformes entreprises ?*
JM Blanquer – *« l'Education Nationale, caricaturée comme une institution que sa taille condamne à l'immobilisme, nous sommes en train de démontrer que son envergure ne l'empêche pas d'être agile... »*
Notons au passage, la remarquable construction de phrase du ministre ...de l'Education Nationale !
Parler d'institution condamnée à l'immobilisme quand l'Education Nationale n'a pas cessé de subir des réformes successives et destructrices depuis plus de 60 ans et que quant à lui, il ne réforme fondamentalement rien mais aggrave dangereusement la politique antérieure, c'est quelque peu osé comme discours !

Dédoublement des classes

JM Blanquer poursuit : « ...*Dans les années à venir, nous retrouverons une France où tout le monde sait lire, écrire et compter et respecter autrui.*
Le dédoublement des CP (classes préparatoires) dans l'éducation prioritaire est une mesure sociale...qui va aller à la racine des difficultés scolaires »
En réalité, tout le monde de saura pas *« lire, écrire et compter »*.
Ceux qui le sauront seront surtout les élèves des R.E.P pour lesquels le ministre se réjouit qu'en fin de trimestre de C.P. (cours préparatoire...première année d'école primaire), ils savent déjà lire quand, pour nos enfants, cet objectif est reporté fin de 3ème !

Il est remarquable que JM Blanquer se limite à évoquer les dédoublements de classes de R.E.P et R.E.P+ destinés très majoritairement aux élèves issus de l'immigration et de l'immigration la plus récente, et il se garde bien de mentionner que ces dédoublements sont accompagnés de méthodes pédagogiques efficaces (sic) comme les méthodes alphabétiques de lecture par exemple, et de tout un enseignement de qualité basé sur la recherche de l'excellence se démarquant totalement des méthodes constructivistes destinées aux classes de nos enfants (cf. loi de refondation de l'école du 7 juillet 2013).

JM Blanquer poursuit :
«...Avec ces dédoublements, nous avons provoqué un effet psychologique positif sur l'ensemble du pays... »
En effet, la médiatisation de ces dédoublements a été dans l'ensemble bien perçue par le public dans la mesure où cette disposition peut apparaître salutaire et c'était bien fait pour cela.
Mais ce qui est essentiel et qui n'a pas du tout été médiatisé, ce sont les dispositions de la loi de refondation de l'école pour les R.E.P et R.E.P+ où les principes de scolarisation stipulés sont totalement différents de ceux destinés à nos enfants, principes d'excellence réservés aux R.E.P et R.E.P+ quand pour nos enfants l'école devient un simple lieu de vie et d'endoctrinement, encadré par du personnel non qualifié et formaté dans le sens de la doxa officielle ; « les valeurs de la république ».

Journaliste - « *Combien d'élèves sont concernés à la prochaine rentrée par le dédoublement ?*
JM Blanquer – « *...En septembre 2019, 20% d'une génération, soit exactement la proportion des élèves en grande difficulté à la sortie de l'Ecole primaire...* »
En réalité, les « *20% d'une génération* » et les « *élèves en grande difficulté* », ce sont les élèves des R.E.P et des R.E.P+, ce que se garde bien de dire JM Blanquer.
Ce ne sont pas, contrairement à ce que nous pourrions croire, ceux de nos enfants qui ont des difficultés scolaires.

Scolarisation à 3 ans

JM Blanquer « *...cette mesure* – dédoublement - *et la scolarisation à 3 ans sont regardées avec un grand intérêt...* »
En réalité, la médiatisation de la scolarisation à 3 ans a également été un jeu de dupes dans lequel la très grande majorité du public s'est laissé prendre.
Visant à faire croire à un abaissement de l'âge de la scolarisation, cette mesure a au contraire, supprimé la scolarisation à 2 ans de 93600 enfants pour récupérer 3700 postes d'enseignants et les attribuer aux R.E.P et R.E.P+ (réseaux d'éducation prioritaire) de telle sorte que JM Blanquer a fait là, une pêche miraculeuse de postes d'enseignants au détriment de nos enfants.
Le ministre lui-même a reconnu que 98% des élèves étaient déjà scolarisés à 3 ans, les 26000 enfants désormais scolarisés à 3 ans et qui ne l'étaient pas, sont

des enfants de R.E.P.+ ; c'est ce que le ministre a traduit quand il a déclaré : *« c'est un enjeu majeur pour certains territoires ... »*

Stratégie en milieu rural

Journaliste - « *Allez-vous modifier les règles de la carte scolaire ?* »
JM Blanquer - « *En milieu rural, où l'Education Nationale travaille à maintenir les établissements malgré la forte baisse démographique, nous avons une stratégie volontariste en milieu rural.* »
En réalité, il n'y a pas une forte baisse démographique en milieu rural, ce qui n'a pas empêché JM Blanquer de supprimer des classes au motif qu'il n'y avait pas assez d'élèves alors qu'il y en a beaucoup plus que dans les classes de R.E.P et R.E.P+, cette suppression conduisant les familles soit à déménager soit à ce que les enfants fassent de longs trajets chaque jour pour être scolarisés en milieu urbain .
Mais, comme l'a dénoncé le sénateur de Moselle Jean-Louis Masson interpellant le ministre à ce sujet lors d'une séance de questions au gouvernement :
« Le gouvernement déshabille les zones rurales au profit des quartiers à problèmes ... on fait fermer des classes à 25 – 27 élèves en milieu rural pour qu'elles soient à 12 dans les zones dites « sensibles ».
Néanmoins, remarquons que JM Blanquer déclare qu'il « *travaille à maintenir les établissements* » en milieu rural et non les classes, chacun pouvant penser qu'il

s'agit de maintenir les populations rurales dans leur milieu scolaire.
En réalité, cela signifie que le ministre maintient les « établissements », les structures, les locaux, pour qu'ils soient mis à la disposition du ministère de l'Education nationale dans le but de créer des réseaux d'éducation prioritaire en milieu rural dans le cadre de « conventions ruralité » imposées aux maires des communes rurales et afin que des familles immigrées puissent s'y installer.
Voilà ce que révèle la « *stratégie volontariste en milieu rural* » de JM Blanquer et également *« le maintien des établissements malgré la forte baisse démographique* » !

Les projets ambitieux, c'est pour qui ?

Journaliste – « *Et pour les zones urbaines* » ? sous-entendu, « les R.E.P » en milieu urbain et non les établissements pour nos enfants ...
C'est bien ce qu'a compris JM Blanquer.

JM Blanquer – En effet ! « *La mixité sociale est un enjeu majeur mais le levier principal c'est de rendre les établissements attractifs : rétablir les classes bi-langues ou les langues anciennes dans les collèges défavorisés, nous encouragerons des projets éducatifs originaux et ambitieux dans les territoires défavorisés* »
Notons que les *« collèges défavorisés »* pour JM Blanquer, ce sont toujours les collèges des R.E.P et des R.E.P+ et non ceux de nos enfants.

Autrement dit, JM Blanquer confirme les classes bi-langues - il ne les rétablit pas, elles existaient déjà, mais dans les R.E.P et R.E.P+ uniquement, et comme le souligne JM Blanquer :
« Nous avons des projets ' ambitieux' dans les territoires défavorisés ».
Il est clair que les ambitions de JM Blanquer se limitent systématiquement aux élèves de R.E.P et R.E.P+.

Réforme du bac

Journaliste - «...*Votre réforme du bac est passée sans heurts, contrairement à Darcos et Fillon... ».*
JM Blanquer – *« ...Les enquêtes nous montrent que les lycéens adhèrent massivement à cette réforme...le nouveau bac et la suppression des séries S, ES, et L, vont leur permettre de mieux engager leurs études supérieures... »*
Il ne faut pas manquer d'aplomb pour faire une telle déclaration alors même que les lycéens, qui ne sont pas du tout d'accord, ont manifesté leur mécontentement lorsque le ministre a fait semblant de leur demander leur avis ; néanmoins, tout était « dans les cartons » depuis longtemps !
En effet, en 2008, Xavier Darcos avait présenté ce projet de réforme des lycées prévoyant la disparition des filières L, S et ES et la mise en place d'un tronc commun de 5 matières accompagnées de dominantes (humanités et art, sciences, sciences de la société, technologie en contrôle continu).

Le projet fut reporté mais resté en attente et ressorti des cartons par JM Blanquer, et nous retrouvons aujourd'hui les composantes de cette réforme qui marque l'aboutissement de la destruction, par étape, du système éducatif pour nos enfants.
Le bac nouveau pour nos enfants, basé essentiellement sur des projets d'élèves et donc, sur du contrôle continu, est loin de « remuscler » (sic) le bac, mais constitue, tout au contraire, la marque de son anéantissement.

Dispositif « devoirs faits »

Journaliste – *« Allez-vous réformer le collège ? »*
JM Blanquer – *« Nous avons instauré le dispositif « devoirs faits » dans tous les collèges et pour compenser les inégalités familiales »*
Faux ! archifaux ! trois mensonges en une seule phrase :D'une part, JM Blanquer n'a pas « *instauré* » le dispositif « *devoirs faits* », il existe depuis 1992.
Il est tout aussi faux de prétendre que ce programme existe dans tous les collèges : ce dispositif existe uniquement dans tous les collèges de R.E.P, c'est-à-dire en faveur des élèves issus de l'immigration, ce qui se conçoit aisément, puisque c'est uniquement dans les R.E.P et R.E.P+ qu'est dispensé un véritable enseignement et de qualité, avec des professeurs triés sur le volet, des cours dispensés, des devoirs à faire, des résultats à atteindre alors que pour nos enfants

l'école devient un lieu de vie où il n'y a pas plus de travail à fournir que de résultat pré-établi à atteindre. Troisième mensonge, ce n'est pas « *pour compenser les inégalités familiales* », sous-entendu, pour compenser le fait que certaines familles n'ont pas la capacité d'aider leurs enfants par rapport à d'autres, mais parce que les objectifs de l'Ecole pour nos enfants et ceux pour les élèves de R.E.P et R.E.P+ sont diamétralement opposés.

Interdiction du portable à l'Ecole ?

JM Blanquer - *«... Nous venons d'interdire le téléphone portable à l'école et au collège... »*
C'est tout aussi faux.
En réalité, JM Blanquer laisse à l'appréciation du directeur de chaque établissement d'inclure dans le règlement intérieur – donc au cas par cas - les conditions d'utilisation du portable.

Crise des vocations...

Journaliste – fait état de la crise des vocations
JM Blanquer – *« ...Une société qui va bien aime son Ecole et ses professeurs... »*
Ce discours est plus dangereux qu'il n'y parait !
En réalité, JM Blanquer affirme sans vergogne que si nous n'aimons pas l'Ecole telle qu'elle nous est présentée, c'est que nous n'allons pas bien ! de là à considérer que nous relevons de la psychiatrie de ne

pas apprécier le système scolaire tel qu'il est conçu, il n'y a qu'un pas, qui risque d'être rapidement franchi ! c'est ce qui est suggéré.
JM Blanquer, avec toujours le même cynisme, cherche à rendre coupable la société de ne pas aimer l'Ecole telle qu'elle est conçue aujourd'hui alors que c'est parce que l'école ne va pas bien que la société n'aime pas son Ecole, société qui n'est pas déréglée au point de ne pas comprendre qu'une grande partie des maux dont nous souffrons depuis plusieurs décennies vient de la dégradation du système scolaire.
JM Blanquer - «*...Nous allons agir sur des aspects plus matériels : 1000^{E} de prime à plus de 45000 agents travaillant en R.E.P+... le but de l'éducation prioritaire ne doit pas être d'indemniser la difficulté mais de valoriser la réussite ...* »
Cela ! nous l'avons bien compris ! la recherche de la réussite, c'est uniquement pour les élèves des R.E.P et tout y est fait pour attirer les enseignants, les vrais, ceux qui enseignent vraiment !
Autrement dit, le système vise à attirer les bons professeurs dans les R.E.P, recrute des personnels sans qualification pour nos enfants et nous fait payer lourdement – par des milliards d'euros engloutis - toutes les mesures qui ne sont pas destinées à nos enfants, mais uniquement aux élèves issus de l'immigration, dans les R.E.P où l'argent abonde !

« Un cap fondé sur les recherches scientifiques de pointe » ?

JM Blanquer - *« ' lire, écrire, compter, respecter autrui', ces recommandations adressées aux enseignants dans les notes de service indiquent un cap fondé sur les recherches scientifiques de pointe…*
…les contestations (des enseignants) portaient sur la forme et non sur le fond ».
Des recommandations dans des notes de service qui indiqueraient un cap fondé sur les recherches scientifiques de pointe pour le savoir ?
D'une part, les notes de service n'ont d'autre objet que de donner ou rappeler des consignes et ne prennent nullement appui sur un texte préétabli, d'autre part, quelles sont ces « *recherches scientifiques de pointe* » ? concernant quoi, concernant qui ?
Le ministre serait bien en mal de le dire et le journaliste ne lui a bien évidemment pas posé la question.
Ce qui reviendrait à dire qu'en 2019, nous ne serions pas en mesure de savoir comment apprendre à lire, écrire et compter aux enfants, il faudrait attendre les pseudo-résultats des non moins pseudo-« *recherches scientifiques de pointe* » ?
Les enseignants ont mentionné à juste titre que les recommandations n'apportaient rien à ce qu'ils faisaient déjà.
Néanmoins, le problème de ces enseignants résulte du fait qu'ils ont tellement été formatés par le système en place, tellement intoxiqués par leur conditionnement dans les I.U.F.M/E.S.P.E/I.N.S.P qu'ils en arrivent à ne pas comprendre que ce sont les méthodes qu'ils

appliquent qui sont génératrices des désordres intellectuels et comportementaux.

Ainsi de la secrétaire du S.N.U.I.P.P (syndicat majoritaire dans le primaire) déclarant : *«...Quant à l'éternel combat entre la méthode syllabique et le « fantôme »(sic) de la méthode globale, les enseignants font part de leur lassitude et que le point faible relevé des écoliers dans les études internationales n'est pas le déchiffrage mais de la compréhension... qui ne dépend pas de méthodes syllabiques ou globales...* » !

Or, il est clair que les méthodes de nature globale sont loin d'être des « fantômes » et que c'est bien l'usage de ces méthodes qui sont à l'origine des difficultés scolaires et de compréhension notamment, ce qui se conçoit aisément puisqu'elles sont basées sur la mémoire et non sur la logique, et cela, les enseignants ne le perçoivent malheureusement pas.

Recommandations et adhésions fantômes

Journaliste : « *Quelles recommandations ?*
Veuillez préciser... »

JM Blanquer : *« Les retours que nous avons traduisent une forte adhésion des professeurs et des parents à ces recommandations* ».

Quelles recommandations, quels retours ? Une forte adhésion à quoi ?

JM Blanquer ne précise ni les recommandations dont il s'agit ni les retours qu'il serait censé avoir reçus, ce qui est retenu c'est la *« forte adhésion »* : tout le monde est

content ! alors même que cette remarque ne repose sur le néant.
En réalité, les enseignants sont au comble de l'exaspération traduite notamment par le fait que près de 20% du personnel est démissionnaire, exaspération qui n'est malheureusement pas relayée par les syndicats complices du système.

Une véritable justice sociale ?

JM Blanquer : *« ...La véritable justice sociale, c'est de mettre la barre le plus haut possible pour tous les élèves... »*
Pour tous les élèves ? quel mensonge !
JM Blanquer met la barre le plus haut possible pour les élèves des R.E.P seulement, c'est uniquement pour eux que sont destinées toutes les mesures salutaires (véritable enseignement, méthodes pédagogiques efficaces, aide aux devoirs, latin-grec, classes bi-langues, professeurs de qualité et non pas recrutés sans qualification...) : c'est ce qu'il appelle la « *véritable justice sociale* ».
Et il ajoute :
«... L'essentiel est que l'on sache qu'il y a un ministre de l'Education Nationale qui mène une politique au service de la réussite des élèves... ».
Le gros mensonge final...pour cet entretien seulement ! car tous ses discours ont la marque de ce cynisme le plus abouti ; JM Blanquer n'est pas *« au service de la réussite des élèves »,* de tous les élèves, mais

uniquement au service de la réussite des élèves de R.E.P et de R.E.P+.

Mondialiste impénitent du non moins mondialiste Macron, toute la politique de JM Blanquer que nous allons détailler n'est que le reflet de cet entretien et de ces fausses déclarations qui abusent l'immense majorité du public.

1ère PARTIE
L'avenir de nos enfants sacrifié par le système scolaire

I - L ' « ECOLE DE LA CONFIANCE » DU FAUSSAIRE BLANQUER

L'« Ecole de la confiance » de JM Blanquer, c'est la poursuite de l'anéantissement du système scolaire pour nos enfants par le fait de la confirmation de dispositifs destinés à cela, c'est également la poursuite de la mise en oeuvre des dispositifs destinés à renforcer l'Ecole d'excellence pour les élèves issus de l'immigration dans les R.E.P.

Le 11 février 2019, Monsieur Blanquer a présenté le projet de loi pour une « Ecole de la confiance » devant l'assemblée nationale, pour – dit-il - la *« garantie des savoirs fondamentaux pour tous, l'instruction obligatoire dès 3 ans, l'innovation pour s'adapter aux besoins des territoires (sic) l'amélioration de la gestion des ressources humaines ou encore la simplification du système éducatif pour faire progresser l'Ecole » (?).*

Le débat a duré une semaine.

Il a porté notamment sur les points suivants :
. Instruction obligatoire à 3 ans,
. Formation des professeurs (amélioration (sic) de la gestion des ressources humaines),
. Ecole inclusive (simplification du système éducatif pour faire progresser (sic) l'Ecole),
. Evaluation du système scolaire,
. Etablissements internationaux...
... et le texte a été adopté en procédure accélérée (...) par l'Assemblée Nationale et définitivement le 4 juillet 2019 par le Sénat, avec quelques amendements.

1 - Garantie des savoirs fondamentaux pour tous ?

Dans l'exposé des motifs, JM.Blanquer prétend que les lois successives relatives à l'instruction obligatoire prônent l'égalité entre tous les enfants de France, sans distinction aucune... c'est ce qu'il appelle *« la garantie des savoirs fondamentaux pour tous »* !
Premier mensonge et de taille ! il n'existe aucune égalité entre les « enfants de France » (sic) : il prend bien soin de dire « enfants de France » et non « enfants français » ! plus qu'une nuance !
Rappelons la co-existence au sein même du territoire français de deux systèmes éducatifs parallèles en vertu de la loi de refondation de l'Ecole du 8 juillet 2013 :
L'un, d'excellence dans les R.E.P (réseaux d'éducation prioritaire) et dans les R.E.P+, pour les élèves issus de l'immigration – appelés par JM Blanquer *« élèves les plus fragiles »* - et la disparition du système scolaire

pour tous les autres enfants, substituant à la plupart des cours, des activités sans obligation de résultat, et pour ce qui reste des cours, ils s'apparentent davantage à une entreprise de décérébration, d'endoctrinement et de dérèglement, qu'à un apport de connaissances et à une formation intellectuelle.
D'ailleurs, lors de la présentation du texte, JM Blanquer a bien souligné le dédoublement des classes de CP et CE1 dans les R.E.P et R.E.P+.
Par contre, il s'est bien gardé de mentionner que ce dédoublement est accompagné d'autres mesures encore plus salutaires :« *méthodes pédagogiques efficaces* » (sic).
... *« Et dans le prolongement* - dit-il - *nous avons enrichi l'offre d'enseignement au collège en valorisant le fonds de notre culture, les humanités classiques...* ».
JM Blanquer offre donc une Ecole de qualité pour les élèves issus de l'immigration basée sur l'acquisition d'une culture valorisée, notamment classique, avec l'enseignement du latin et du grec, ce qui a totalement disparu des programmes destinés à nos enfants pour lesquels l'acquisition de cette culture a été évincée !

Et d'ajouter avec son inébranlable cynisme :
« *Cette politique est inédite à l'échelle du monde* » !
En effet !
Aucun gouvernement au monde n'aurait l'idée de trahir son peuple au point de faire une politique éducative aussi mortifère au bénéfice d'une population étrangère à sa propre culture !

Il faut dire aussi qu'avoir un président de la république qui nie la culture de son propre pays, déclarant que « *la culture française n'existe pas* » est tout aussi... inédit à l'échelle du monde.

2- Abaissement de la scolarisation obligatoire à 3 ans ?

Présentée par JM.Blanquer comme la « *mesure phare du texte* », elle serait un « *marqueur républicain* ».
En réalité, bien que juridiquement, cette scolarisation n'était obligatoire qu'à partir de 6 ans, dans les faits, 97 % des enfants étaient déjà scolarisés à 3 ans.
Les 3% restants étant des élèves des R.E.P+ - notamment les populations d'outre-mer comme Mayotte dont la totalité du territoire est devenue « R.E.P+ » - et également des immigrés extra-européens fraîchement débarqués, qui sont désignés d'une façon originale par l'administration : il s'agit d'« *élèves allophones nouvellement arrivés – EANA* ».
« *Mesure phare* », en effet !
La déscolarisation à 2 ans de 93600 enfants lui a permis de récupérer 3700 postes d'enseignants.

Et à qui ont été affectés ces postes ?

D'une part, ils ont été affectés à la scolarisation des 3% d'élèves des R.E.P+, soit 26000 enfants à la rentrée 2019, ce qui nécessite 1000 postes d'enseignants,
D'autre part, ils ont non seulement permis de poursuivre mais d'accroître les dédoublements des

classes de C.P, C.E1 et C.E2 dans les R.E.P et R.E.P+, déshabillant ainsi Pierre pour habiller Mohamed !

Voilà la « *mesure phare du texte* ».

3 – Amélioration de la gestion des ressources humaines ?

La prétendue *« amélioration de la gestion des ressources humaines »* concerne les modes de recrutement, le niveau de recrutement, ainsi que la formation du d'encadrement.
Il s'agit de ne pas confondre amélioration de la gestion et amélioration de la qualification.
En réalité, il s'agit de révolutionner le mode de recrutement du personnel d'« enseignement » qui devient un simple personnel d'accompagnement - pour l'Ecole de nos enfants seulement et non pour les réseaux d'éducation prioritaire - et dont la collation des diplômes ne se justifie absolument pas.
Il s'agit donc de passer d'un recrutement sur diplômes et sur concours de candidats qualifiés – certifiés ou agrégés - à un recrutement de personnel sans qualification, sur critères sociaux et sans obligation de nationalité, opéré par chaque chef d'établissement qui apprécie le profil du postulant.
Postulant qui est ensuite formaté dans le temple de ce qui est appelé le « pédagogisme » - en fait de l'anti-pédagogie - à savoir les I.U.F.M/E.S.P.E récemment rebaptisés I.N.S.P par JM Blanquer.

Néanmoins, ce dispositif n'est pas nouveau, il était déjà prévu et opérant depuis Vincent Peillon - qui a instauré ce qu'il désigna du terme choisi d'*« emplois-avenir-professeur »*.

JM Blanquer les a « rebaptisés » ainsi : « *assistants d'éducation* » ou *« contractuels »* dans le but évident de faire croire à un nouveau dispositif ; en réalité, il s'agit de la poursuite du système précédent.

Par ailleurs, dans l'exposé des motifs de la « loi sur l'Ecole de la confiance », JM.Blanquer indique que *« la formation des personnels est une condition essentielle de l'élévation du niveau général »*, ce qui laisse supposer qu'il s'emploie à une amélioration de la qualification.

Or, comme nous l'avons vu précédemment, c'est exactement le contraire qui se produit !

D'une part, ces établissements étant conçus comme de véritables écoles professionnelles, ce sont eux qui assurent la formation complète des personnels censés enseigner, sans savoirs préalablement transmis par une faculté ou une école supérieure spécialisée.

D'autre part, mentionner qu'il s'agit de « *permettre d'enseigner à celles et ceux dont les familles ne peuvent soutenir le coût des études* » revient à dire que le recrutement des « professeurs » (sic) dans les I.N.S.P se fait prioritairement sur critères sociaux, que nos enfants sont et seront en grande partie accompagnés par des élèves majoritairement issus de l'immigration !

C'est ce qui est inscrit dans la loi du 26 juin 2012 et le décret en conseil d'Etat du 15 janvier 2013 que JM.

Blanquer ne remet nullement en cause et dont les dispositions sont les suivantes :
« *...Les candidats sont recrutés par les établissements publics d'enseignement et* ces emplois *s'adressent aux étudiants boursiers sur critères sociaux, et aucune condition de nationalité n'est exigée ...*
« *...Sont prioritaires notamment : les étudiants* non diplômés de *1ère ou 2ème année de licence ou 1ère de master :*
« *. qui ont résidé au moins deux ans dans une Z.U.S (zone urbaine sensible), dans une Z.R.R. (zone de revitalisation rurale) ou dans un D.O.M (St Martin, St Barthélémy, St Pierre et Miquelon)*
« *. ou qui ont effectué au moins deux années d'études secondaires dans un établissement situé dans une de ces zones ou dans un établissement relevant de l' « éducation prioritaire »...* !!!
« *...Un contrat de droit privé est conclu pour une durée d'un an au cours duquel le bénéficiaire – qui peut effectuer des missions semblables à celles d'un assistant d'éducation, d'un assistant pédagogique ou d'un auxiliaire de vie scolaire - dispose d'un tuteur et doit se présenter à un des concours de recrutement d'enseignants...* », autrement dit, au concours de l'I.U.F.M/E.S.P.E/I.N.S.P qui le formate entièrement.
« ...Ce *mode de recrutement devient la voie naturelle de l'accès à l'enseignement...* » avait déclaré NV.Belkacem.
Il est donc bien clair qu'il n'est plus question d'enseignement universitaire dans la formation, ce qui est logique puisqu'il n'est plus question d'enseigner.

Néanmoins, ces dispositions concernent uniquement les élèves qui ne sont pas dans les R.E.P et R.E.P+.
A la rentrée 2017, plus de 65000 « *étudiants* » (sic) avaient déjà reçu cette formation pour un formatage intégral, et JM. Blanquer d'ajouter avec son cynisme habituel : ce « *dispositif est éminemment social...* » faisant mine de déplorer qu'il soit « *vu comme une précarisation* » !
Par contre, pour les élèves des R.E.P et R.E.P+, sont recrutés de vrais professeurs recevant une formation spécifique à l'E.S.E.N (Ecole Supérieure de l'Education Nationale) devenue depuis janvier 2020 « IH2EF » (Institut des Hautes Etudes dans l'Education et dans la Formation) situé au Futuroscope près de Poitiers.
Cet institut, inconnu du grand public dans la mesure où aucune publicité n'en est faite – et pour cause ! dispense un enseignement supérieur de grande qualité aux futurs professeurs d'une Ecole d'excellence...dans les R.E.P uniquement.

4 - Création de nouveaux instituts de formation ?

C'est ce que déclare JM Blanquer qui, comme nous l'avons vu, prétend créer des I.N.S.P (Instituts Nationaux Supérieurs du Professorat) alors que ce sont toujours les fameux I.U.F.M/E.S.P.E.
JM Blanquer n'institue donc rien de nouveau.

5 - Modification du temps de service des enseignants

Le ministre prétend vouloir « *clarifier* »(?)
Lors de la discussion du projet de loi sur l'« école de la confiance » au Sénat, un amendement a été déposé – soi-disant au dernier moment – relatif à la question du temps de service des enseignants : les sénateurs ont ainsi retiré du texte les références aux obligations de service actuelles et c'est ainsi que la loi facilite l'annualisation des services des enseignants-qui-n'enseignent-plus !
En réalité, tout ceci est pensé et prévu depuis longtemps.
Cette pratique a déjà cours partiellement et, dans le contexte de la « refondation de l'Ecole » pour nos enfants qui métamorphose cette institution en lieu de vie, cette disposition est parfaitement logique : les obligations de service des personnels d'encadrement qui deviennent des animateurs sont forcément différentes de celles d'un enseignant.
S'agissant désormais d'accompagner l'élève dans son projet, il n'y a pas plus de cours à préparer que de cahiers et de copies à corriger et corrélativement, les enfants et adolescents n'ont pas non plus de devoirs à faire à la maison… toutes les activités ont forcément lieu à l'école.
Dans ces conditions, le personnel « enseignant-qui-n'enseigne-plus » n'a plus aucune raison de dispenser seulement 18 heures de cours par semaine, il doit être présent toute la journée et toute la semaine ;
C'est tout le sens de cette annualisation de leurs services.

Voilà l'« Ecole de la confiance » du faussaire Blanquer qui poursuit ses falsifications sans relâche dans le but de nous faire croire qu'il procède à la restauration du système éducatif alors que toute sa politique éducative n'est que la poursuite et le renforcement de la politique engagée par ses prédécesseurs.

6 - LOI DUSSOFT au service du grand remplacement

6 août 2019 – décrets du 19 et 31 décembre 2019

Passée inaperçue bien que d'importance capitale, cette loi constitue l'outil majeur de transformation de la fonction publique au service de la politique de grand remplacement à l'oeuvre dans notre pays.

Les enseignants se trouvent en première ligne dans la mesure où le recours aux contractuels va permettre d'achever la politique de destruction de l'institution scolaire pour nos enfants au sein de l'Education nationale.

Contenu du texte et portée

Ce texte généralise la possibilité du recours à la contractualisation pour le recrutement des fonctionnaires pour quasiment tous les emplois ainsi que la possibilité, tant pour l'administration que pour l'agent contractuel à durée indéterminée ou le fonctionnaire de l'Etat, de rompre le contrat de fonctionnaire simplement.
En ce qui concerne les fonctionnaires, il est mentionné que cette possibilité est offerte à titre expérimental du 01/01/2020 au 31/08/2025.

En réalité, il est beaucoup plus probable qu'il s'agisse d'arrêter le processus dès que le « nettoyage » sera terminé – 5 ans suffisent - et une fois le « grand remplacement » acquis, les fonctionnaires pourront être de nouveau « indéboulonnables ».

L'administration quant à elle, a la possibilité de procéder à un détachement d'office dans une entreprise privée ce qui, de cette façon, permet de faire disparaître des corps entiers de fonctionnaires.

Pour encourager ces ruptures, il est prévu des indemnisations dont le montant maximum peut atteindre un plafond égal à 1/12ème de la rémunération annuelle de l'agent par année d'ancienneté dans la limite de 24 ans et les agents qui signent une rupture conventionnelle ou qui démissionnent dans le cadre d'un tel plan peuvent prétendre aux allocations chômage.

C'est assez dire que les dispositions prévues sont persuasives.

Parallèlement, cette loi réduit considérablement la voie des concours pour faire place à un recrutement très large de contractuels, voire mettre en extinction – provisoirement - les fonctionnaires et notamment ceux de l'Education nationale.

En résumé :

. D'une part, la généralisation du recours aux contractuels sans qualification et corrélativement l'extinction rapide du recrutement des enseignants par voie de concours,

. D'autre part, la possibilité pour le gouvernement, de rompre le contrat de fonctionnaire,

. De son côté la possibilité pour le fonctionnaire de démissionner dans des conditions avantageuses jointe à l'exaspération des bons enseignants qui supportent de plus en plus difficilement la révolution scolaire qu'ils subissent,
tout ceci laisse à penser à l'effondrement rapide et complet de l'Ecole publique pour nos enfants et d'une certaine façon, tant mieux que la vérité éclate enfin au grand jour !
Il nous reste à souhaiter que les bons ne s'arrêteront pas en si bon chemin, mettront l'amour de leur métier et leurs compétences au service des élèves de l'enseignement privé hors contrat où les ouvertures d'établissements sont de plus en plus nombreuses, l'offre de postes d'enseignants de plus en plus importante et où l'on sait encore ce qu'enseigner veut dire ! Dès lors, cette loi peut représenter une voie de salut, tant pour les enseignants eux-mêmes que pour l'avenir de nos enfants.
Un effet que le gouvernement ne souhaite assurément pas mais qui ne serait que juste rétribution : pris au piège de ses propres turpitudes et ce, dans l'intérêt de la France et des Français, le cauchemar en quelque sorte !

7 - Simplification du système éducatif pour faire progresser l'Ecole ?

Nous pourrions être tentés de penser que la simplification du système éducatif soit faite pour faire progresser les élèves mais non ! l'objectif de JM Blanquer est de *« faire progresser l'Ecole »,* ce qui signifie qu'il s'agit de modifier ses objectifs, sa structure et ses moyens de fonctionnement pour accompagner la révolution du système scolaire en lieu de vie. C'est toujours le sens du « progressisme » : dans quelque domaine que ce soit, les progressistes sont toujours, en réalité, ceux qui désorganisent et mettent en œuvre la régression d'un système et JM Blanquer n'y déroge pas.

Toujours dans la même logique révolutionnaire, JM.Blanquer déclare :

« Par cette loi, nous proposons, une Ecole des savoirs fondamentaux de la maternelle à la dernière année du collège, dans une continuité parfaite d'administration, elle suivra les élèves et les prémunira de ces ruptures parfois douloureuses entre la maternelle et l'élémentaire, entre l'élémentaire et le collège ».

Sous couvert d'intérêt pour les élèves, il s'agit d'inclure au sein d'une même structure appelée *« établissement des savoirs fondamentaux »,* toutes les classes de la maternelle au collège.

La philosophie du système éducatif reposant sur la primarisation du secondaire, ce dispositif est destiné à constituer un ensemble homogène à partir de ces deux types d'établissements de niveaux différents, ce qui est la preuve de la disparition de la transmission des savoirs (sauf dans les R.E.P et R.E.P+) où la notion de classe, de niveau n'a plus sa raison d'être puisqu'il s'agit seulement d'occuper les enfants à des activités.

Ceci est parfaitement logique mais présenté dans un langage sibyllin, les députés n'y ont vu « que du feu » ! encore que le texte de loi fournisse quelques

indications notables, mais assurément trop subtiles pour les parlementaires en place :
. Le mot *« livres »* est remplacé par les mots « *support pédagogique* »,
. Les mots « *l'enseignement élémentaire et secondaire et l'enseignement supérieur »* sont remplacés par les mots « *l'enseignement dans les classes maternelles et élémentaires, dans le second degré et dans le supérieur* »,
. Les mots « *les établissements privés du 1er degré* » sont remplacés par les mots « *établissements d'enseignement privé* »,
. Les mots *« proviseur* » ou *« principal* » sont remplacés par les mots « *chefs d'établissements »,*
. Les mots *« lycées et collèges* » sont également remplacés par les mots *« établissements publics d'enseignement* »,
C'est cela, l'Ecole inclusive !

Pour confirmer la preuve que JM Blanquer se situe dans la continuité et non en rupture avec la politique éducative de ses prédécesseurs, rappelons que Xavier Darcos, alors ministre de l'éducation de 2007 à 2009, avait déclaré dans une formule ambiguë :
« *L'horizon de l'école primaire, c'est le brevet des collèges, il n'est pas question d'un retour à un certificat de fin d'études...* ».
Cette déclaration exprimait bien le fait que la fin de l'école primaire devait se situer fin de 3ème : la primarisation du secondaire était donc bien l'objectif à terme, et cet objectif fut corroboré dès ce moment-là

par la recommandation consistant à *« faire intervenir les professeurs de collège en école primaire et vice versa, d'abord à titre provisoire - pour un remplacement par exemple - mais solution pouvant devenir définitive* ».
Cette primarisation du secondaire avait d'ailleurs été confirmée – entre autres - par la déclaration d'une inspectrice pédagogique régionale qui avait préconisé que *« la maîtrise de la lecture soit reportée à la fin de la scolarité obligatoire – c'est-à-dire fin de 3ème ».*
Il était donc déjà très clair que la classe de 3ème constituait, dans le système refondé, la fin du cycle primaire…et même beaucoup moins en réalité !
Or, JM Blanquer s'est réjoui, fin décembre 2018, du fait que dans les R.E.P et R.E.P+ – c'est-à-dire uniquement dans les établissements où sont mises en œuvre les méthodes de lecture les plus efficaces - méthodes alphabétiques improprement appelées syllabiques – les élèves maîtrisaient la lecture fin du premier trimestre de C.P !
C'est assez dire la monstruosité de JM Blanquer qui se réjouit que les élèves de R.E.P savent lire fin de trimestre de C.P alors que cet objectif doit être atteint pour nos enfants, seulement fin de 3ème !
Preuve en est aussi que nos gouvernants savent parfaitement ce qu'ils font - contrairement à ce que certains continuent à vouloir croire et faire croire - dans le but de neutraliser nos enfants pendant qu'ils valorisent les populations immigrées et tout ceci pour détruire la culture française et accompagner le grand remplacement de population.

Il est clair que JM Blanquer n'attend pas les résultats des « *recherches scientifiques de pointe* » *(sic)* pour apprendre à lire à ces enfants !

8 – dédoublement de certaines (sic) classes

A la rentrée 2019, 10 800 classes ont été dédoublées en C.P, C.E1 de R.E.P et de R.E.P+ et la mesure est étendue en « grande section » dès cette année *« quand c'est possible* » !
Mais, hors de question que cette mesure soit appliquée pour ceux de nos enfants qui sont les plus fragiles !

9 - Circulaire de rentrée 2019

Les dispositions de la circulaire de rentrée 2019 (qui n'est d'ailleurs qu'une note de service) confirment les dispositions de la loi sur l'«Ecole de la confiance » dans la mesure où les populations issues de l'immigration sont systématiquement privilégiées au détriment de nos enfants.

La prétendue circulaire de rentrée de 2019, tout comme celle de 2018 n'apporte rien de nouveau par rapport à la politique engagée.
Tout ceci se conçoit aisément puisque, dans les deux cas il s'agit, non de circulaires, mais de notes de service d'ailleurs ainsi sous-titrées.

La différence est parlante :

Une circulaire administrative est inhérente à la publication d'une loi ou d'un règlement et informe de l'interprétation à donner afin d'en permettre une application correcte et uniforme.
La circulaire accompagne donc un texte nouveau à mettre en oeuvre, alors qu'une note de service est simplement destinée à donner ou rappeler des consignes et ne prend nullement appui sur un texte préalablement établi : il n'y a donc rien de nouveau que nous ne savions déjà !

- **Priorité pour l'école primaire ?**
  Laquelle et pour qui ?

Pour les R.E.P et R.E.P+

Quand il est mentionné :
«...Alors même que le nombre d'élèves baisse, 2300 postes sont créés» et que par ailleurs, de nombreux postes d'enseignants sont supprimés en milieu rural, la question se pose de savoir pour qui sont destinés ces postes ainsi créés ?
La réponse est claire : les nombreux postes supprimés en milieu rural sont affectés aux R.E.P et les postes créés le sont également pour les R.E.P dans lesquelles les classes sont dédoublées.
Ainsi JM Blanquer déclare :
«...Cet investissement va permettre d'achever le dédoublement des classes de CP et CE1 en éducation prioritaire...

« ... Désormais, ce sont 300 000 élèves, soit 20% d'une génération qui bénéficieront, à cette rentrée d'un suivi renforcé dans l'apprentissage de la lecture et des mathématiques ...
«...Dédoublement des classes de grande section en éducation prioritaire et un maximum de 24 élèves pour toutes les classes de grande section, CP et CE1...Ces mesures s'accompliront pleinement au cours des rentrées 2020 et 2021.
«... Cet investissement doit s'accompagner d'un meilleur suivi des progrès des élèves et d'une plus grande personnalisation pédagogique...
«... La publication de progressions annuelles permet d'offrir de solides repères à tous les professeurs, les évaluations de début CP, mi-CP et de début de CE1 donnent aux professeurs des outils supplémentaires pour personnaliser davantage encore leur pédagogie et faire progresser les élèves vers ces objectifs ».
Rien ne manque pour assurer la réussite des élèves issus de l'immigration : dédoublement des classes, suivi renforcé, meilleur suivi des progrès des élèves, plus grande personnalisation pédagogique, évaluations en CP et début CE1 pour accompagner davantage et faire progresser les élèves...qu'aimerions-nous ce même langage pour nos enfants !
Dans le discours de JM Blanquer, l'accent est particulièrement mis sur le dédoublement, le suivi et la personnalisation, mais il se garde bien de mentionner ce qui est encore bien plus essentiel et ce sans quoi il n'y a pas de réussite possible, à savoir les programmes

et les méthodes utilisées dans les réseaux d'éducation prioritaire, qui se démarquent totalement de celles appliquées à nos enfants, méthodes permettant des progressions rapides et des acquisitions solides.

Ainsi de l'usage des méthodes alphabétiques de lecture accompagnées de grammaire qui permettent de structurer l'apprentissage de la langue et de permettre la compréhension rapide de l'écrit.
Tout ceci est conforme à la loi de refondation de l'éducation prioritaire du 7 juillet 2013 qui mentionne dans son référentiel et seulement pour ces élèves : *« enseignement structuré de la langue mise en place dès l'école maternelle »,* ce qui a permis à JM Blanquer, comme il l'a fait fin décembre 2018, de se réjouir qu'à la fin du premier trimestre de CP des R.E.P.+, les élèves savaient déjà lire ainsi que nous l'avons déjà souligné.
Et pour ces élèves, il ne sera pas manqué de procéder à l'évaluation au début et en cours de C.P et début C.E1 afin de permettre au ministre de se targuer des bons résultats mais ce même ministre « oubliera » de mentionner que ces bons résultats sont obtenus uniquement dans les R.E.P et R.E.P+.

Et pour nos enfants ?

Rien à voir !
En ce qui concerne l'apprentissage de la lecture, il est question d'« *enseignement intensif et systématique des relations entre graphème et phonème pour conduire au*

plus vite les élèves à automatiser les procédures de décodage » dès le début de l'année de CP.
Cette annonce fait l'effet d'une ferme volonté de faire réussir les élèves, mais il s'agit toujours de l'usage des méthodes de nature globale où il est procédé au décodage des mots, méthodes appréhendées par la mémoire et non par la logique, méthodes totalement destructurantes qui nuisent à tout le développement intellectuel des enfants et des adultes qu'ils seront.
La suite du discours confirme cet usage :
« En CE1, en français, poursuite des activités de décodage et d'encodage…
Puis seulement *« en CM1 et CM2, consolidation des automatismes ».*
Autrement dit, l'apprentissage de la lecture se fait sur 5 ans alors que pour les élèves des réseaux d'éducation prioritaire, la lecture est acquise en CP et JM Blanquer s'en réjouit !
Il est à noter que pour nos enfants, aucune évaluation n'est prévue !
Evidemment !
L'autre priorité est celle des langues vivantes étrangères (L.V.E) :
Dans les classes de C.P destinées à nos enfants, c'est le seul enseignement pour lequel sont prévus des cours encadrés par des programmes, ce qui n'existe pas pour le français, tant sur le temps scolaire que sur le temps péri-scolaire.

Par contre, sont prévus des cours d'anglais et d'arabe.

C'est assez dire que la volonté du système est d'effacer l'identité française de nos enfants au profit d'une culture étrangère.
Nous retrouvons cette volonté tout au long de la « scolarité » jusqu'au lycée où seule, est enseignée la littérature étrangère.

• Soutien de l'action pédagogique des professeurs

« *Pour accompagner l'action pédagogique des professeurs* - est-il dit dans cette pseudo-circulaire 2019 - *recteurs et inspecteurs d'académie conduisent des visites régulières à tous les échelons de l'école primaire, et des lettres de mission sont établies pour les inspecteurs de l'Education Nationale* ».
Il est également stipulé : « ... *Construire pour chaque élève, une culture civique autour des valeurs et principes de la république...* ».
Autrement dit, les personnels sont très encadrés par leur hiérarchie afin de les obliger à penser selon la doxa, autrement dit à appliquer et faire respecter les « *valeurs* – dites - *de la république* » sans discussion possible : interdiction de penser autrement, ce qui est la voie ouverte à la dictature.

• Activité artistique et culturelle

« *Près d'un million d'élèves appartiennent à une chorale scolaire à l'école élémentaire* » prétend JM Blanquer. En réalité, elles existent surtout dans les réseaux d'éducation prioritaire où seulement là, une véritable culture musicale est dispensée.

10 – Sensibilisation à l'environnement

La fiche technique du ministère stipule : « *des délégués au développement durable sont chargés de porter la démarche de développement durable auprès de leurs camarades et de proposer des actions* ».
250 000 « éco-délégués » ont été élus fin septembre 2019, si possible dans toutes les classes. Concrètement, 2 délégués - voire plus - par classe : 6ème, 5ème…, véritables ambassadeurs de bonnes pratiques de développement durable auprès de leurs camarades.
Ce dispositif inique est contesté par Luc Ferry notamment, qui déclare :
« C'est donc aux enfants qu'il reviendra de donner des directives aux adultes sur des questions si complexes qu'elles divisent tant le monde politique que scientifique…ce n'est pas à 12 ans que l'on est spécialiste du climat ou de la biodiversité…à défaut de connaissances, on est en général enclin à la radicalité, et les futurs 'éco-délégués' se feront vite un devoir de relayer les thèses effondristes….
« …Logique politicienne qui n'a rien à voir avec le civisme véritable : avec un cynisme électoraliste, Macron doit repeindre tout en vert dans les deux ans qui viennent (…) logique aussi puissante que dévastatrice de la com. tous azimuts ».

11 - Evaluation du système scolaire : La grosse supercherie

Nous assistons à une grosse supercherie en ce qui concerne les évaluations dont se glose le ministre de l'Education.
JM. BLANQUER nous présente la question de l'évaluation comme si nous n'avions jamais évalué le travail des élèves, comme si nous n'avions jamais corrigé de copies, comme si nous n'avions jamais mis de notes, jamais porté d'appréciations orales ou écrites, et comme s'il se lançait dans une entreprise d'envergure destinée à *« consolider le grand service public de l'Education Nationale* » !
C'est d'ailleurs ce qu'il prétend sans vergogne.

En réalité, comme pour tout ce qu'il dit et pour tout ce qu'il fait, il faut aller chercher le « loup », et le « loup », on le trouve toujours ! Suivons sa trace...

- **Un renforcement des évaluations ?**

Ecoutons JM Blanquer qui ne manque jamais de nous enfumer.
Le 24 octobre 2018, faisant une communication en conseil des ministres, Monsieur BLANQUER a affirmé sans sourciller :
« Pour 'consolider' (sic) un grand service public de l'éducation au XXIème siècle, l'Education Nationale s'appuie sur plusieurs leviers de transformation...

Pour cela, l'Education Nationale développe une véritable culture de l'évaluation (...)
*«. **A côté*** **(et non, *« en plus* »,** c'est très important !) *des évaluations internationales et **des évaluations des acquis des élèves**, le projet de loi pour l'Ecole de la confiance prévoit :*
*«. La création d'une instance nationale d'**évaluation des établissements scolaires** dans une logique d'audit portant sur :*

- *Les enjeux des ressources humaines,*
- *La sécurité,*
- *Le climat et la qualité de la vie scolaire... ».*

Ce discours, qui donne l'impression d'un renforcement des évaluations, assène la preuve du contraire, à savoir que deux types d'évaluation sont prévus pour deux publics différents :
L'un évalue les acquis des élèves des R.E.P, et l'autre évalue les établissements scolaires de nos enfants, ce qui est très significatif de la philosophie du système éducatif pour chacun d'eux.

- **Le « loup » planqué dans les déclarations de Blanquer**

Pour bien comprendre l'impact du discours de JM BLANQUER, il faut rappeler le contenu des textes.

En vertu de la loi de refondation de l'Ecole du 7 juillet 2013, deux systèmes éducatifs parallèles fonctionnent :

. Un pour les élèves issus de l'immigration – et de l'immigration la plus récente – au sein des réseaux d'éducation prioritaire (R.E.P et R.E.P+) basé sur la transmission du savoir et la recherche de l'excellence des résultats,
. Un pour tous les autres enfants basé sur des activités qui se substituent aux cours transmetteurs du savoir, sans obligation de résultat, autrement dit, système exactement inverse de celui qui caractérise une institution scolaire. Dans ces conditions, il est évident que pour chacun de ces publics, les évaluations ne peuvent pas être les mêmes.
C'est bien ce que formule JM Blanquer quand il déclare clairement : *«... **à côté** des évaluations internationales et des évaluations des acquis des élèves ...* ».
Il dit bien « *à côté* » et non « *en plus* ».
Autrement dit, il n'est pas question de superposition d'évaluation pour un même public, mais de deux types d'évaluation pour deux publics différents.

- **Deux types d'évaluation pour deux publics différents**

D'une part, les évaluations internationales qui correspondent à l'évaluation des acquis des élèves et elles ne peuvent être destinées qu'à ceux issus de l'immigration au sein des réseaux d'éducation prioritaire (R.E.P et R.E.P+) puisqu'eux seuls bénéficient non seulement d'une véritable scolarité, mais d'une scolarité d'excellence.

Rappelons à cet égard qu'existent 1200 R.E.P. sur le territoire national scolarisant :
. **1,1 million d'enfants de 2 à 11 ans –** soit 12.3% des écoliers accueillis dans le secteur public dans les 6850 écoles primaires de R.E.P,
. S'ajoutent **366 400 collégiens -** soit 14.1% des collégiens accueillis dans le secteur public. Ils sont scolarisés dans les 1097 collèges de R.E.P - dont 365 en REP+, lesquels accueillent 7% des collégiens du secteur public soit 181300 élèves.

Ce qui représente un **total** de **1 466 400 élèves dans les R.E.P à bénéficier d'une scolarité d'excellence** dans ces établissements.

Il faut y ajouter tous les autres dispositifs d'excellence qui leur sont destinées depuis des années.

Ainsi des « *écoles de la 2nde chance* », des « *internats d'excellence* » renommés « *internats de la réussite* » (simple changement d'appellation), mais aussi des « *cordées de la réussite », des « classes préparatoires intégrées », des « classes préparatoires à l'enseignement supérieur* » qui sont spécifiquement destinés aux élèves issus de l'immigration afin de leur faciliter l'accès à l'enseignement supérieur de prestige.

Le second type d'évaluation concerne non pas les élèves mais les établissements, tous les établissements qui ne relèvent pas des R.E.P, c'est-à-dire ceux destinés à nos enfants.

Ce système se conçoit aisément puisque pour eux, il n'est plus question de faire cours, il ne peut être davantage question de quelque obligation de résultat ; l'évaluation ne peut donc évidemment pas porter sur des résultats d'élèves.
Si cela se faisait, cela permettrait de découvrir le « pot aux roses », cela mettrait en évidence le marasme intellectuel dans lequel ce système plonge nos enfants et les criants écarts de résultat entre eux et ceux des R.E.P. C'est le « tour de passe-passe » de JM Blanquer, maître dans l'art de la prestidigitation !
Et sur quoi va porter l'évaluation ?
JM Blanquer déclare qu'elle va porter sur *« les enjeux des ressources humaines et pédagogique*s » autrement dit, sur l'enjeu de l'emploi d'un personnel sans qualification - professeurs remplacés par des *« emplois-avenir-professeur/assistants d'éducation »,* contractuels créés par V. Peillon.
Ce type d'évaluation constitue donc la garantie la plus sûre qu'aucun enseignement ne soit dispensé et que les élèves soient seulement accompagnés dans leurs activités au cours desquelles ils sont censés construire leur savoir eux-mêmes.
Seront également évalués la *« sécurité, le climat et la qualité de la vie scolaire »* !
Donc, rien à voir avec des résultats scolaires.

Seulement une évaluation sur les moyens mis en œuvre dans un établissement « lieu de vie » et sur la vie elle-même dans l'établissement.

Au cours d'un entretien avec JJ. Bourdin qui, au sujet de l'évaluation, demande à JM Blanquer :
« *Sur quels critères ? et les résultats seront-ils rendus publics ?* » JM Blanquer répond : *« C'est tout un sujet de discussion ».* (...)
Or, si **SON** Ecole pour nos enfants était une véritable Ecole, cela ne devrait pas être un « *sujet de discussion* » : il ne s'agirait que de prendre en compte les résultats scolaires.
Or, pour l'Ecole de nos enfants, Monsieur Blanquer évoque seulement l'appréciation du *« climat scolaire, les sujets de cantine et toilette à envisager avec les collectivités territoriales... »*...tout un programme en effet !
JJ Bourdin ajoute *: « Les résultats seront-ils rendus publics ? »*
Hésitation de Blanquer... « *çà dépend desquels » !*
Evidemment ! seuls les établissements des R.E.P et des R.E.P+ pourront être évalués sur la base de leurs résultats scolaires.
C'est ce que se garde, bien entendu, de préciser le ministre, « *çà dépend desquels* »... comme il dit !

Conclusion

Que va-t-il en résulter ?
Que les évaluations internationales - type P.I.S.A - sur les acquis des élèves seront faites essentiellement pour les élèves issus de l'immigration des classes des réseaux d'éducation prioritaire (R.E.P et R.E.P+) à qui

est dispensé un enseignement d'excellence avec des *« méthodes pédagogiques efficaces »* (sic) et pour tous les autres, c'est la disparition pure et simple de l'évaluation des acquis au « profit » de l'évaluation des établissements afin d'être bien sûr que s'applique la révolution scolaire pour nos enfants..

C'est ainsi que dans le texte de loi sur l'« Ecole de la confiance », le *« conseil national d'évaluation du système scolaire »* est remplacé par le « conseil *d'évaluation de l'Ecole* ».

Non seulement le mot « *national* » a disparu, mais le « *système scolaire* » remplacé par « *école »*, c'est-à-dire chaque école est évaluée sans considération d'homogénéité nationale, ce qui se conçoit aisément puisqu'il n'y a pas plus de programmes scolaires que de niveau à atteindre.

C'est ainsi que JM. Blanquer déclare : « *Nous devons forger une nouvelle conception de l'évaluation…le conseil de l'évaluation permettra l'existence, pour la première fois, d'un système d'évaluation de toutes nos écoles et de nos établissements. Il reposera d'abord sur l'auto-évaluation (…) et sera complété par un travail collectif de l'institution* ».

De surcroît, il ne s'agira donc pas d'une évaluation faite par un organisme extérieur, mais par l'école elle-même, évaluation faite en considération de sa soumission aux nouvelles inepties anti-pédagogiques ; c'est assez dire que les chefs d'établissements ne vont pas se « tirer une balle dans le pied » et que l'évaluation en question ne peut être qu'illusoire et biaisée pour masquer le

marasme intellectuel dans lequel ce système scolaire plonge nos enfants
Et que va nous annoncer Blanquer ?
Que les résultats enregistrés au cours des évaluations internationales sont satisfaisants, que grâce à lui, grâce à sa politique éducative, de nets progrès sont déjà acquis et que…le niveau monte !
Voilà le tour de prestidigitation de ce mêêêr-veilleux Blanquer que vont ne pas manquer d'aduler tous les « cocus-contents » réfractaires à la réalité qui les dérange !

L'imposture de Blanquer dénoncée par les syndicats

Il est vrai qu'il était temps de modifier le système d'évaluation.
En l'état de délâbrement très avancé de l'Ecole, les résultats devenaient si alarmants que les artifices les plus divers et les plus complexes avaient déjà dû être imaginés par les têtes mal pensantes du ministère pour brouiller les pistes à un point tel que même les syndicats s'en sont émus.
Hélàs trop tard ! puisque comme d'habitude, leurs actions n'ont jamais pour but d'aboutir mais de servir seulement d'exécutoire aux mécontentements des enseignants.
En effet, le 14 janvier 2019, suite à la réunion organisée avec les syndicats par le cabinet du ministre de l'éducation et la D.E.P.P (Direction de l'Evaluation, de la

Prospective et de la Performance) concernant les évaluations de CP, les syndicats ont adressé une lettre à JM. Blanquer lui signifiant que, tant les membres du cabinet que la D.E.P.P, n'avaient pas montré la volonté de tenir compte des remontées et analyses du terrain qu'ils avaient faites suite à la première salve d'évaluation faite à la rentrée 2018 et ont renouvelé auprès du ministre leurs doléances, à savoir : dysfonctionnements, inadaptation, résultats tronqués…

Dysfonctionnements

Les syndicats ont relayé le constat fait par les enseignants, de nombreux dysfonctionnements, notamment :
. finalités (confuses),
. contenu (inadapté),
. façon dont les évaluations ont été faites (au cas par cas),
. saisie(chronophage),
. remontée des résultats (sans attendre la fin de l'évaluation),
Ils contestent donc non seulement la pertinence des évaluations telles qu'elles ont été faites ainsi que leur utilité, mais en plus, ils ont reproché que les enseignants aient été dépossédés de l'analyse des résultats, les réduisant à de simples exécutants de tâches subalternes et ils ont également contesté la crédibilité des résultats annoncés, ce qui ne saurait surprendre compte-tenu de la procédure suivie.

Evaluations inadaptées

Les syndicats ont ainsi mentionné au ministre qu'enquêtes et témoignages montraient que les évaluations telles qu'elles étaient faites étaient inadaptées aux jeunes de CP et facteurs de stress, que les résultats ne pouvaient pas être considérés comme fiables dans la mesure où non seulement les consignes ont dû être adaptées le plus souvent par les personnels au cas par cas, mais ne sont donc d'aucune aide aux enseignants sur les acquis des élèves.

Résultats tronqués

Les syndicats ont également fait remarquer au ministre que les premiers résultats annoncés par voie de presse l'ont été avant même que la phase de saisie n'ait été clôturée.
Cette pratique n'est pas nouvelle ; elle rappelle les prétendues consultations d'élèves, d'enseignants, de parents...dont les résultats sont connus avant même que les questions n'aient été posées
C'est ainsi que les syndicats ont signifié à JM Blanquer - à juste titre - que cette « anticipation » sur les résultats apporte la preuve que « *ces évaluations ne servent pas l'intérêt des élèves et des enseignants mais sont au service d'une justification de la politique mise en œuvre* ». On ne peut mieux dire !

Personnel enseignant exclu des processus d'évaluation

Poursuivant leur critique, les syndicats ont indiqué que la phase 2 de l'évaluation de CP effectuée de janvier-février 2019 se situant dans la continuité de la phase 1 à la rentrée 2018, s'avère tout aussi inadaptée et présentera les mêmes travers.
Evidemment !
De plus, ils ont réitéré le fait que d'exclure les enseignants des processus de conception, d'analyse et d'exploitation de ces évaluations, mais aussi en excluant toute remédiation, aucune réponse pertinente n'était apportée aux besoins identifiés.
Pour nos enfants, le but de l'opération n'est donc pas de modifier quoi que ce soit quels que soient les résultats.
Dans ces conditions, il est évident que cela ne sert à rien.
Contrairement à ce qu'on pourrait croire… « c'est étudié pour !»
De plus, ils ont fait remarquer au ministre que la manière de mener les évaluations standardisées montre une grande confusion sur les objectifs des différentes formes d'évaluation dans et du système éducatif.

Tout ceci a nourri des inquiétudes quant aux visées du ministère dans l'évaluation des établissements.

Protocole destiné à évaluer le système éducatif et non des élèves

Les syndicats concluent ainsi :

« *Si l'objectif est d'évaluer le système éducatif,* (et c'est le cas–nda) *nous disposons déjà de beaucoup d'évaluations nationales et internationales et des évaluations sur échantillon sont suffisantes, nul besoin donc de les généraliser.*
A moins qu'il ne s'agisse d'utiliser ces évaluations pour imposer des pratiques, réduire la liberté pédagogique, les premières pressions exercées par les corps d'inspection laissent à penser que c'est votre seul but : imposer une idéologie pédagogique et mettre au pas les enseignants.
C'est inacceptable : nous demandons donc l'abandon de ce protocole d'évaluation », concluent-ils.
En réalité, c'est beaucoup plus que cela !

Conclusion

L'exclusion des enseignants du processus de conception, d'analyse et d'exploitation apporte la preuve que le ministre veut pouvoir donner aux résultats l'interprétation qu'il veut, les manipuler afin de servir sa politique éducative meurtrière.
Le but est également d'empêcher de la desservir, ce qui est corroboré par le fait que, tout comme le dénoncent les syndicats, les résultats ne correspondent en aucun cas à la réalité puisqu'annoncés par voie de presse avant même la fin de leur saisie !
Il s'agit donc de « fake news » comme se plaisent à dire si bien ceux qui nous gouvernent à l'encontre de ceux qui les remettent en cause publiquement et notamment sur les réseaux sociaux.

En réalité, ces mises en scène sont destinées à abuser le public sur les criants écarts de résultats entre ces élèves et ceux des classes de C.P de R.E.P et R.E.P+ (réseaux d'éducation prioritaire), beaucoup plus performants dans la mesure où ils bénéficient d'une véritable scolarité avec des conditions matérielles et surtout des méthodes pédagogiques « efficaces » (sic) que nos gouvernants se refusent bien évidemment à utiliser pour les autres enfants par le fait que leur idéologie est de faire des enfants issus de l'immigration l'élite de la nation française et de nos enfants, les assujettis.
Pour ce faire, le concept d'école-lieu de vie où les cours sont remplacés par des activités sans obligation de résultat est très soigneusement maquillé, néanmoins corroboré par le fait qu'aucune remédiation ne soit prévue pour les élèves qui ne font pas partie des réseaux d'éducation prioritaire (R.E.P et R.E.P+).

Si nous ne pouvons que cautionner le discours des syndicats, nous ne pouvons que regretter qu'il arrive bien trop tard, en fin de parcours, lorsque les « dés sont jetés » et qu'il n'y a plus rien à faire ; c'est en amont et non en aval qu'il aurait fallu réagir, refuser d'entrer dans le jeu de ces évaluations, car tout – ou presque – de ce que les syndicats reprochent au système était su par eux avant leur mise en oeuvre !
Ce qui prouve, une fois de plus que les syndicats, qui semblent toujours s'opposer à tout, ne s'opposent en réalité à rien.

Réagissant toujours à contre-temps, la plupart du temps trop tard, se contentant de relayer les mécontentements des gens de terrain pour servir d'exécutoire à toutes les personnes qu'ils sont théoriquement censés représenter, ils ne sont en réalité que les valets du système.
Ils ont toujours agi ainsi !
Ils sont d'ailleurs faits pour cela !
Mais la preuve est faite qu'il n'est plus possible, avec la nouvelle philosophie de l'école basée sur des activités et non sur des cours, de faire une évaluation sans détours, du niveau des élèves.

Cette impossibilité est masquée par tous ces artifices et les « bons résultats » des élèves ne pourront venir que des R.E.P et R.E.P+ ou de trucage des données.

II- LAÏCITE A GEOMETRIE IN-VARIABLE DE JM BLANQUER

Philosophie, textes et pratique

1 - Philosophie

La « laïcité » est le maître-mot qui sous-tend la philosophie de l'Ecole de la république :
« l'Ecole de la république est une Ecole laïque ».
Qu'est-ce que la laïcité ?
Comment la définir ?
Quels sont les présupposés ?
Le principe de laïcité a toujours existé dans l'organisation de la société.

Les définitions courantes sont les suivantes :
« *Principe de séparation de la société civile ainsi que d'impartialité et de neutralité de l'Etat à l'égard des confessions religieuses* »,
Celle de Larousse est, tout simplement : « *Caractère de ce qui est indépendant des conceptions religieuses ou partisanes* » (...).
Selon l'Evangile, c'est également la séparation du religieux et du politique : *"Il faut rendre à César ce qui est à César et à Dieu ce qui est à Dieu"*, c'est ce qu'a répondu Jésus aux Pharisiens qui lui demandaient s'ils devaient obligatoirement payer l'impôt à l'empereur.

Qu'en est-il des révolutionnaires qui nous gouvernent ?

Il en va tout autrement des révolutionnaires qui nous gouvernent. Selon eux, la laïcité est une religion, religion créée par l'homme et pour l'homme, sans Dieu. Rappelons à cet égard les couplets de Vincent Peillon, ex-ministre de l'Education, sur la laïcité et dont JM Blanquer est un des exécuteurs testamentaires:
« Nous voulons changer les mentalités des jeunes ...la révolution française n'est pas terminée, c'est à l'Ecole de l'achever...
...Nous voulons travailler à la refondation républicaine de notre Ecole, une refondation de la République par l'Ecole...
«...Il faut être capable d'arracher l'élève à tous les déterminismes, familial, ethnique, social, intellectuel...

« ...L'Ecole est un instrument de la religion laïque...c'est au socialisme qu'il va revenir d'incarner la révolution religieuse dont l'humanité a besoin, l'Ecole sera le temple de cette nouvelle religion...c'est bien une nouvelle naissance, une transsubstantiation qui opère dans l'Ecole et par l'Ecole, cette nouvelle Eglise avec son nouveau clergé, sa nouvelle liturgie, ses tables de la loi... »

« .. Pas question de prescrire, comme jadis, une conception du bien d'un idéal d'honnête homme, bon chrétien, bon citoyen, il s'agit de forger une religion qui soit non seulement plus religieuse que le catholicisme dominant, mais ait davantage de force et de séduction, de persuasion que lui. Toute l'opération consiste bien avec la foi laïque, à changer la nature même de Dieu, du christ et à terrasser définitivement l'Eglise...Il faut donc à la fois déraciner l'empreinte catholique qui ne s'accommode pas de la République et trouver en dehors des formes religieuses traditionnelles, une religion de substitution qui arrive à inscrire jusque dans les mœurs, les cœurs, la chair, les valeurs et l'esprit républicain sans lesquels les institutions républicaines sont des corps sans âme qui se préparent à tous les dévoiements ».

Rappelons également le couplet de Raphaël Gluksmann (fils de...) le 26 février 2015, sur les plateaux de Canal+, qui évoquait la nécessité de déraciner les Français pour qu'ils ne soient plus eux-mêmes : *«... le projet d'Ecole de la République, c'était un projet de déracinement, un projet politique qui visait à enlever les enfants des clochers, des terroirs ! c'était créer, à partir d'héritiers, des citoyens... »*

Voilà la laïcité des révolutionnaires dont fait partie JM Blanquer.

2 - Textes
Loi de refondation de l'Ecole du 7 juillet 2013

L'article 3 de la loi de « refondation de l'Ecole » stipule : *« la Nation se fixe comme mission première à l'Ecole, de faire partager les valeurs de la République, parmi lesquelles l'égale dignité de tous les êtres humains...la solidarité... »*
Par ailleurs, l'article 8 précise : *« ... à l'acquisition de connaissances et instruments du savoir, substituer l'objectif de sens moral et civique... ».*
Ceci, pour nos enfants uniquement.
Par contre, il est remarquable que ces dispositions ne figurent pas dans le référentiel de la « refondation de l'éducation prioritaire ».

Vade-mecum de la laïcité

Le vade-mecum de la laïcité, c'est un document de 70 pages produit au printemps 2018 par JM Blanquer dans lequel sont inscrits les principes de la laïcité dont voici quelques extraits :
La laïcité protège(rait) de tout prosélytisme et de toute pression !
Le vade-mecum de la laïcité serait un outil destiné aux personnels de l'Education Nationale, c'est un document d'appui pour les équipes académiques afin que les

établissements scolaires existent à l'abri de toute propagande ! (sans rire !)
Il se présente sous forme de fiches :
Fiche 1 – Si non-respect du port de signes ou tenues manifestant ostensiblement une appartenance religieuse – que croyez-vous qu'il arrive ? - *un dialogue précède la sanction... toujours de nature éducative !*

Fiche 2 – La charte de la laïcité rappelle les missions de l'école : transmission des valeurs de la République, laïcité, formation à la citoyenneté.
Mobilisation des partenaires institutionnels, associations - agréées ou non - intervenant sur le temps scolaire et périscolaire + réserve citoyenne

Fiche 3 – Loi 141-5-1 : Interdiction de port de signes ou tenues....pour les élèves de l'enseignement public seulement mais pas privé et seulement en raison du comportement de l'élève :
. distinguer provocation et méconnaissance de la loi !
. dialogue puis sanction possible - Voir au cas par cas.

Fiche 6 – Pendant les examens : respect de la laïcité, mais seulement pour les élèves de l'enseignement public.
Interdiction de la dissimulation du visage dans l'espace public mais, lors d'un examen, vérification de l'identité et du statut social sur la base de la carte d'identité et de la convocation ! Si un conflit n'est pas résolu... l'élève compose l'épreuve !

Fiche 8 – Contenu de l'enseignement

Pas le droit de s'opposer à un enseignement ou à la légitimité d'un enseignant.

- ***Education sexuelle :***
  Apprentissage obligatoire :
  . pas de finalité normative,
  . vision égalitaire homme-femme,
  . promotion de la culture de l'égalité.

- *Enseignement des faits religieux étudiés comme faits de civilisation et non comme instruction religieuse - la classe n'étant pas un lieu de discussion religieuse,*

- *Sujets susceptibles de contestations : (en histoire/ex. – mais pas seulement ! – génocides, décolonisation, traites négrières, conflit israëlo-palestinien...**Prévenir les contestations :***
  . Neutralité du personnel
  . Liberté d'expression, dans la limite du bon fonctionnement de l'Ecole, respect des valeurs de la République et du pluralisme des convictions,

***Fiche 9** : Pratiques pédagogiques sur les questions vives :*
. Devoir d'assister à tous les cours ou sorties,
. S'il y a problème, possibilité d'un plan d'action pédagogique et éducatif pour les personnels par l'équipe académique « laïcité et faits religieux »,

*Fiches 10-11-12-20 - **Autorisation d'absence ou dispense d'activité en raison de pratiques cultuelles ,***

(bien qu'il ne soit pas précisé de quelles pratiques cultuelles il s'agit, peut-on avoir une petite idée ?)

> *. Obligation d'assiduité, sinon les parents sont reçus par le chef d'établissement pour une conciliation. Si conflit, il peut proposer (…) une sanction.*
>
> *. Néanmoins…***possibilité d'absence pour motifs religieux** (qui l'eut cru ?!)

Repas différenciés *: ni droit ni obligation, mais possibilité, rien ne s'y oppose…*pour qui ?

Lieu de prière *: mise à disposition possible…pour ne pas heurter la liberté de conscience des autres élèves - croyant bon d'ajouter - « veiller à ce qu'aucune religion ne puis être considérée comme privilégiée »(!)*

Fiche 17 – 18 et 19 – arrêté du 1er juillet 2013 :

- *La 1ère compétence professionnelle des métiers du professorat et de l'éducation : savoir transmettre et faire partager les valeurs de la république.*
- *Devoir de neutralité du personnel et des enseignant,*
  Chaque professeur exerce une mission de formation rattachée aux valeurs de la République, L'équipe académique « laïcité et faits religieux » peut former le personnel.

Fiche 21 - Les parents ne sont pas soumis à l'interdiction du port de signes....

Fiche 22 – ***Intervenants extérieurs : droit de manifester OSTENSIBLEMENT leurs convictions philosophiques ou religieuses !***
Restrictions possibles liées à l'ordre public et au bon fonctionnement du service, mais ni générales ni systématiques, doivent être justifiées au cas par cas !

3 – Dans les faits

- **Valeur phare : l'égalité et ses aberrations**

La laïcité consistant *« à placer le bien commun, l'égalité des droits et le respect de la personne au-dessus des coutumes et des traditions… »*, autrement dit, tout le monde il est beau, tout le monde il est gentil et tout le monde il est identique…
Tout ceci renvoie tout droit à toutes les problématiques liées à l'égalité des sexes, à la théorie du genre, à la lutte contre l'homophobie, contre le racisme, l'antisémitisme… dont sont abondamment abreuvés nos enfants.
Là, pas question de remettre en cause la doxa officielle : « *le personnel doit respecter une stricte neutralité* » ; c'est ainsi que les théories les plus extravagantes sont dispensés aux élèves sur le temps scolaire et péri-scolaire.
Mais par contre, il est expressément indiqué que « *les intervenants extérieurs ont le droit de manifester*

ostensiblement leurs convictions philosophiques ou religieuses ».
Désinformation et endoctrinement sont donc les maîtres-mots de l'éducation morale et civique menée parallèlement à l'enseignement de l'histoire et de la géographie.
Un jeune professeur de collège souligne que *« les sorties et projets sont omniprésents et tous orientés pour former de bons petits citoyens ...* »
L'idéologie du « *genre* » qui nie la différenciation naturelle des sexes est un modèle d'« égalité » prônée par l'Education Nationale.
Dans les manuels de CM1, la pseudo-théorie du genre prospère.

Dans les collèges, la situation ne s'arrange pas.

Un jeune professeur de lettres enseignant dans un collège, fait état de la situation suivante :
«...Deux semaines après la rentrée, les murs du collège étaient placardés d'affiches féministes qui 'castraient' les petits garçons à chaque regard :
« Fille/garçon, on est tous les mêmes...
« Les hommes sont méchants...
« On veut l'égalité... et une gigantesque affiche pro-LGBT digne de la gay-pride est affichée dans l'entrée du collège ».
Par contre, l'Education Nationale s'est opposée à ce que l'association « Vigi-Gender », collectif de parents qui s'était engagé pour promouvoir une école excluant

l'idéologie du *« genre »* comme partie effective des programmes et activités scolaires et extra-scolaires puisse avoir droit de cité dans les établissements scolaires et diffuse sa brochure.

A la rentrée 2018, 20 000 écoles l'auraient reçue et c'est ainsi que la direction départementale de l'Education Nationale du Morbihan a adressé aux chefs d'établissements, une demande d'empêcher sa diffusion alors que des livres qui font la promotion de l'idéologie du *« genre »* et de la lutte contre les « *LGBT phobies* » sont bien entendu, permis.
Dans le manuel de 2nde, sont mis en avant des droits imprescriptibles - sans les devoirs - et l'on peut y trouver un catalogue des libertés : liberté sexuelle et des mœurs, apologie de l'I.V.G, un chapitre consacré à l'évolution des droits des personnes homosexuelles et transexuelles…
Egalement, l'anti-racisme « tient le haut de l'affiche » : dans le manuel Hachette destiné aux élèves de 6ème, fleurit une abondance de documents -textes, témoignages, illustrations - qui émanent d'associations militantes et autres officines gauchistes ou pris dans des medias choisis dont la « neutralité » n'est plus à démontrer, ainsi de « Charlie-Hebdo, « Le Monde » et « l'Humanité » par exemple.

Une reproduction d'affiches d'une campagne de propagande menée en 2015 par la « L.I.C.R.A », le « M.R.A.P », « La ligue des droits de l'homme », « SOS

Racisme », et un petit texte affirmant que *« la science démontre que les races n'existent pas »*.

Concernant l'anti-racisme, le témoignage d'un autre jeune professeur de collège est éloquent : *«… Certains projets sont imposés. Ainsi, nous recevons des mails pour nous dire que notre cours est supprimé et que nous devons accompagner nos élèves à une exposition organisée par les élèves d'UP2A… »* (Unités Pédagogiques pour les élèves Allophones Arrivants), autrement dit les enfants d'immigrés clandestins.

Ainsi du message suivant :

«… Le festival migrations organisé notamment par l'association des travailleurs maghrébins de France et l'association d'action sociale et sportive locale, a pour but de faire découvrir les différentes cultures qui composent la région et de montrer que les migrations contribuent à la richesse de notre territoire et plus largement, à notre pays. Depuis début mars, environ 50 événements (films, expositions, conférences…) se sont ou vont se dérouler dans la région… » et un film, financé par une association pro-immigration et le conseil départemental, est diffusé à des élèves de 11 ans, dans lequel le propos politique est de leur affirmer explicitement le paradigme : *« Ouvrons nos frontières »*.

Quant à la publication *« L'Echo de l'Armor et l'Argoat »* du 30 novembre 2018, il révèle que des collégiens ont été chargés de collecter des produits d'hygiène et de première nécessité au profit des migrants et ce, dans le cadre leur programme d'*« éducation morale et civique »*. Pour ce faire, leur professeur a fait intervenir un militant du collectif de gauche *« Utopia 56 »* un des collectifs les plus mobilisés en France semble-t-il, concernant l'accueil des migrants.

Et cela se poursuit au lycée.
Dans le manuel de 2nde, une véritable propagande immigrationniste : *« droit d'asile et devoir d'accueil »* sont au programme, également un chapitre sur les *« migrants et leurs droits »* avec l'insertion de témoignages tirés de sites gauchistes…
Ces actions s'inscrivent dans le cadre de la loi de *« refondation de l'Ecole »* du 7 juillet 2013 pour nos enfants et sont amenées à se répandre comme autant de métastases dans notre beau pays de France de plus en plus défiguré par cette politique immigrationniste assassine.
C'est cela la laïcité selon JM Blanquer.

Un abus de pouvoir

Ainsi, les cours sont progressivement supprimés pour aboutir à leur suppression quasi-totale remplacés par des activités au cours desquelles les élèves sont endoctrinés.
Au nom de l'égalité et de la solidarité, les élèves sont embrigadés pour réaliser des activités qui répondent à des logiques destructrices de notre identité qu'ils ne peuvent non seulement pas contester, mais qu'ils sont dans l'obligation de servir et de servir « au mieux » (!) : ces activités obligées étant notées, les élèves sont

conduits à déployer un zèle particulier afin d'obtenir une bonne note.
Appréciés, non plus sur des savoirs mais sur des comportements, ils sont amenés à collaborer bien malgré eux, à entretenir une situation qui détruit notre pays, emprisonnés dans des logiques qui n'ont rien à voir avec ce qui doit leur être enseigné à l'école.
Cela, uniquement pour nos enfants. Par contre…

Complaisances, collaboration, trahison

Selon JM Blanquer, le « vade-mecum » de la laïcité serait *« destiné à protéger de tout prosélytisme et de toute pression »*.
Dont acte ! mais…lors de son entretien avec JJ Bourdin sur BFM-TV le 18 décembre 2018, JM. Blanquer a traité de différents sujets dont celui de la fermeture d'écoles qui ne sont pas dans les normes à savoir, d'une part les écoles hors contrat qu'il assimile sans sourciller aux écoles clandestines, disant textuellement : *« il y a d'une part, la question des écoles clandestines, disons des écoles hors contrat, d'autre part, le sujet de la laïcité… »*, rappelant qu'il avait installé des « équipes laïcité » dans chaque rectorat et une adresse d'appel pour les personnels.
Relativement aux atteintes à la laïcité, JM Blanquer fait état de 800 signalements au cours du premier trimestre de l'année scolaire 2018-2019 *« qui couvrent des faits différents, petits et grands …40 ayant nécessité*

une intervention des équipes laïcité... » dit-il, ponctuant ainsi :
« ... On montre que la République est à la fois ferme et sereine sur ses deux pieds pour répondre à ce type de problème... ».
Ce type de problème ? mais...quel type de problème ? L'histoire ne le dit pas !
JM Blanquer s'en est bien gardé et JJ. Bourdin n'a pas eu « l'indiscrétion » (...) de le lui demander !
Chacun peut ainsi supposer que l'atteinte à la laïcité a concerné des populations musulmanes.
En retour, le ministre ne peut recueillir une fois de plus, que de l'approbation, d'autant que, maniant l'ambiguïté avec une virtuosité qui ne se dément pas, il venait de déclarer au journaliste, la fermeture d'une école fondamentaliste salafiste.
Néanmoins, il est peu probable que le silence sur **« ce »** problème soit cela, sinon, JM. Blanquer se serait fait fort d'en parler.

- **Complaisance avec les musulmans**

En effet, alors même que JM Blanquer cherche, dans ses discours, à paraître intraitable en ce qui concerne le respect et l'enseignement des valeurs dites de la république, discours qu'il semble réserver aux musulmans, dans les faits c'est tout le contraire !
En réalité, JM. Blanquer et le gouvernement qu'il sert avec soin, ont des complaisances marquées et officielles avec la religion musulmane par le fait de

l'instauration de dispositions dérogatoires au principe de laïcité, ainsi que nous venons de le voir dans le vade-mecum de la laïcité.
Mais ce n'est pas tout !

Ouverture de l'Ecole élémentaire SYYÜB SULTAN

JM Blanquer a autorisé l'ouverture d'une école élémentaire hors contrat islamiste à Strasbourg à l'initiative du mouvement islamiste turc « Milli Görüs » ; deux autres sont en projet à Belfort et Besançon, toujours portés par la même organisation.
Avec ce nouvel établissement privé créé à la rentrée 2019, la confédération islamique du « Milli Görüs » renforce sa présence au sein de l'enseignement musulman privé en France avec une centaine d'écoles et de projets d'écoles.

Qu'est-ce que le Milli GORUS ?

En français, cela signifie « Vision nationale ».
Ce mouvement est né à l'initiative de Necmettin Erbakan, principal acteur politique de l'islamisme turc de ces 40 dernières années et ancien premier ministre turc dont les propos sont tout un programme :

« Les Européens sont malades...nous leur donnerons les médicaments. L'Europe entière deviendra islamique, nous conquerrons Rome ».

Mouvement extrémiste

Milli Görüs est le principal mouvement islamique encadrant la diaspora turque et dont les liens avec les « frères musulmans » sont connus.

Le mouvement est d'ailleurs classé « islamiste fondamentaliste » par le renseignement fédéral allemand ;

C'est ainsi qu'en 2003, « Milli Gorüs » a figuré sur la liste des associations pouvant servir de base arrière au terrorisme dans le pays.

A cet égard, des documents de « Milli Görüs » mentionnent :

« Chaque individu membre doit s'engager dans la guerre religieuse (djihad)....doit se conditionner de manière à être prêt à tout moment pour le djihad ...la communauté est un moyen servant l'objectif de l'islamisation de la société ».

L'objectif de l'organisation est donc clairement annoncé : assurer la domination d'Allah.

L'ensemble des organisations avec lesquelles elle a des relations défend le régime de la charia et la perspective idéologique de « Milli Görüs » est de se servir de la violence. Il représente donc un danger social pour l'Europe. Ajoutons que son logo est la carte de l'Europe enchâssé d'un croissant islamique !

De plus, en Allemagne, la liste des allégations contre « Milli Görüs » sont nombreuses : fraude, escroquerie sur fonds public, collecte de fonds douteux, faux détournement de fonds et blanchiment d'argent...

Il n'est jamais fait état de cette situation dans la presse française pas plus qu'il n'est fait référence à son orientation extrémiste, ce qui n'empêche pas non plus ceux qui sont à la tête de l'Etat français, d'accorder toutes les largesses à cette organisation.

Vision de « Milli Görüs » partagée par Edorgan

« Milli Görüs » relie au pays la diaspora turque installée en Europe, diaspora qui vit largement en vase clos dans un communautarisme conforté par la déclaration de l'actuel premier ministre Erdogan lors d'un discours au Zenith de Paris en 2010 : *« ...Personne ne peut vous demander d'être assimilé ; pour moi, le fait de demander l'assimilation est un crime contre l'humanité... »,* et il a incité ses compatriotes venus l'acclamer drapeau turc à la main, à coloniser légalement le pays, proposant la création d'établissements scolaires turcs en France afin de consolider leur implantation, établissements qui ont vu le jour dès 2014.

Erdogan a également déclaré : *« ...On ne peut pas être à la fois laïque et musulman... On est musulman ou on ne l'est pas...parce que c'est Allah qui est le créateur de l'islam, il est le seul souverain ».*
Nos gouvernants sont donc largement prévenus mais obstinément complices et maîtres d'œuvre de la destruction de notre société.
Edorgan avait, par ailleurs, fait des appels au djihad qui ont été largement occultés lors des débats sur la question de l'entrée de la Turquie en Europe.

La France, terre d'accueil privilégiée des djihadistes

En dépit de ces objectifs clairement affichés, « Milli Görüs » est en pleine expansion, maillant le territoire de nouvelles mosquées et de nouvelles écoles chaque année dans de nombreuses villes sur le territoire français.

A cet égard, il peut être instructif de rappeler ce que Monsieur Blanquer a déclaré, au micro de BFMTV le 18 décembre 2018 :

«...Nous avons les outils juridiques pour pouvoir fermer une école qui n'est pas dans les normes, et notamment celles liées au fondamentaliste salafiste... »,

Egalement au cours du même entretien :

«... Comme je l'avais annoncé lors du vote de la loi Gatel, nous pouvons maintenant fermer les écoles hors contrat qui ne sont pas en conformité avec les règles de la république.... »

Oui mais voilà !

Non seulement Monsieur Blanquer ne les ferme pas, les écoles liées au fondamentalisme islamiste, mais il les ouvre !

Par contre, à n'en pas douter, les écoles qui ne sont pas conformes aux règles de la République ne peuvent être que celles créées par ces « dangereux » catholiques !

Et là ! nous pouvons nous attendre au pire !

- **Collaboration avec le C.R.I.F**

Un autre aspect inattendu de la laïcité selon JM Blanquer concerne ses relations avec le C.R.I.F. (Conseil Représentatif des Juifs de France) .
Le 1er février 2018, JM. Blanquer a reçu Francis Kalifat, président du C.R.I.F à qui il a confié qu'il était *« important de donner à chaque enfant un vaccin républicain »* - pas moins ! - par le biais de l'Ecole de la République, assimilant ainsi les élèves à des malades potentiels à immuniser en urgence.
Contre quoi ? l'histoire ne le dit pas.
Le président du C.R.I.F lui ayant dit l'importance de l'enseignement de l'utilisation des outils internet comme moyens de lutte contre les « fake news » et le complotisme, le ministre lui a assuré qu'il s'agissait là, de l'une des missions principales de l'Education Nationale.
Qui l'eut cru ?
Par ailleurs, le président du C.R.I.F a demandé au ministre que soient enseignés des passages majeurs de l'histoire des juifs de France.
Il a également exposé au ministre le projet de l'«Observatoire contre la haine » sur internet, et pour conclure, JM Blanquer s'est dit tout à fait satisfait de travailler avec le C.R.I.F !
Cette organisation de confession juive se propose donc de dicter au ministre de l'Education le contrôle de la pensée des Français, petits et grands, et JM. Blanquer n'hésite pas à s'y soumettre grandement.
Encore un aspect tout à fait particulier de la laïcité du ministre !

• Intraitable avec les écoles hors contrat non musulmanes

Si JM Blanquer manifeste beaucoup d'allégeance à l'égard des immigrés et de la religion musulmane et une volonté de collaboration sans faille avec le C.R.I.F, il ne va pas jusqu'à faire la même allégeance aux écoles hors contrat catholiques ou d'inspiration catholique. Pour ces écoles, les « valeurs de la république » sont considérées incontournables.
A leur égard, Monsieur Blanquer nous parle d'outils juridiques et de normes à respecter. Quels *« outils juridiques* » et quelles *« normes »* ?

Outils juridiques et normes de JM.Blanquer

Les « outils juridiques » ? la loi Gatel 2018,
Les « normes » ? la conformité aux règles de la république.
De fait, dans le décret d'application de la loi Gatel du 30 mai 2018, il est bien stipulé que « *le contrôle prescrit sur les écoles hors contrat est destiné à s'assurer que l'enseignement qui y est dispensé, respecte les normes minimales requises par l'article L 131-1-1 et* (que*) les élèves de ces classes ont accès au droit à l'éducation tel que celui-ci est défini par l'article L 111-1.* »
Rappelons les termes de ces deux articles :

Article L 131-1-1 : « *le droit de l'enfant à l'instruction a pour objet* – entre autres – *de lui garantir l'éducation lui*

permettant de partager les valeurs de la République et d'exercer sa citoyenneté »,
Article L 111-1 : « *la Nation fixe comme mission première à l'Ecole, de faire partager les valeurs de la République ».*

Et JM.Blanquer d'enchaîner :
« … *Comme je l'avais annoncé lors du vote de la loi Gatel, nous pouvons maintenant fermer les écoles hors contrat qui ne sont pas en conformité avec les règles de la république ».*
D'autre part, l'article D 131.11 fait référence à l'article D 122.2 qui stipule : *« chaque domaine de formation énoncé …requiert la contribution transversale et conjointe de toutes les disciplines et démarches éducatives ».*
Autrement dit, non seulement les écoles hors contrat doivent se soumettre aux « valeurs – dites - de la république » mais également aux méthodes en usage dans l'Education Nationale de nos enfants, autrement dit les *« méthodes constructivistes qui ne marchent pas »* - comme l'a si bien souligné JP Chevènement sans qu'il ait pour autant remis en cause la politique de JM Blanquer.
En effet, la « *contribution transversale et conjointe de toutes les disciplines et démarches éducatives* », c'est tout simplement l'application du principe fumeux de « *pluridisciplinarité* » en vertu duquel les cours transmetteurs de savoirs sont remplacés par des activités au cours desquelles les élèves sont censés

construire leur savoir dans différentes disciplines à la fois.
Ce qui correspond également au principe aussi dépourvu de substance que celui d'« *enseignement pratique transdisciplinaire dérogatoire* », mais aussi de « *transversalité* », d' « *interdisciplinarité* », véritables « barbes à papa » de la formation intellectuelle et de l'acquisition des savoirs.
Et là ! pas de discussion ! la laïcité de l'Ecole, la soumission obligée aux « valeurs de la République » et aux méthodes de l'Education Nationale, ce carcan destructeur est destiné aux écoles hors contrat qui accueillent assez majoritairement un public plutôt catholique, et cette intransigeance à leur égard résulte non seulement d'un combat contre la pérennité de la religion catholique et de ses valeurs au profit de l'islam, mais également, d'un combat contre l'excellence de l'enseignement dispensé dans ces écoles qui vise à assurer la pérennité de la culture française.
C'est ce contre quoi JM Blanquer, tout comme ses prédécesseurs, lutte farouchement et il est fort à parier que les atteintes à la laïcité dont JM. Blanquer s'est fait l'écho tout en prenant bien soin de ne pas les nommer, concernent ces atteintes-là !
A également été voté un renforcement des possibilités de sanction en cas d'« atteinte à l'ordre public ».
Ce concept étant vague, laisse la porte ouverte à tous les abus : ne pas enseigner et ne pas faire respecter les soi-disant « valeurs de la république » au nombre desquelles nous trouvons l'égalité » avec tous ses

dévoiements (idéologie du genre, lutte contre l'homophobie...) dans le contexte de l'Education Nationale actuelle, tout ceci peut être considéré comme étant constitutif d'atteintes à l'ordre public.
Et du fait qu'il existe une procédure spécifique en cas de manquement au droit à l'éducation des enfants, l'amendement vise à « *créer un délit et une injonction de re-scolarisation* » dans un autre établissement – public, cela va de soi - lorsqu'un établissement privé hors contrat persiste « *à attenter à l'ordre public* »(sic).
JM Blanquer a cru bon de préciser que cet amendement ne crée pas un nouveau contrôle, ne remet pas en cause la liberté pédagogique (...)

CONCLUSION

Qui ose prétendre encore que JM. Blanquer est un ministre de l'Education qui « renverse la vapeur » ?
Il agit constamment dans la ligne de ses prédécesseurs, enfonçant encore plus le clou pour fermer le cercueil des écoles hors contrat non musulmanes ?
Il serait grand temps d'engager le juste et impitoyable combat pour protéger nos enfants de l'action pernicieuse de cette politique éducative destructrice de leur avenir qui leur nuit d'autant plus gravement que, parallèlement, est menée cette politique d'éducation prioritaire élitiste en faveur des populations issues de l'immigration.
Ce n'est pas le combat de David contre Goliath contrairement à ce que le prétendent certains car les

armes, nous les avons, encore faut-il vouloir en faire usage !
En réalité, JM. Blanquer n'est fort que de la faiblesse de ceux qui refusent de se battre ou qui font semblant de le faire.

- **Arabisation et islamisation de nos enfants**

A la rentrée scolaire 2018, Monsieur BLANQUER s'est produit au micro de Jean-Jacques BOURDIN sur BFM-TV, après un entretien avec Paris-Match la semaine précédente d'où il est loisible de pouvoir apprécier l'immigrationnisme forcené du ministre et l'évidente collusion des medias avec le ministre. Fidèle à lui-même, Blanquer continue de discourir avec toujours le même aplomb, toujours le même cynisme.

L'arabe pour tous

JM Blanquer parle de relancer l'apprentissage de la langue arabe et s'en fait le ferveur défenseur.

« L'arabe est une langue très importante comme d'autres grandes langues de civilisation : chinois, russe...il faut développer ces langues, donner du prestige à ces langues, c'est particulièrement vrai pour l'arabe qui est une très grande langue littéraire qui doit être apprise pas seulement par les personnes qui sont d'origine maghrébine ou de pays d'origine arabe.
« Donc, c'est toute une ***stratégie qualitative vis-à-vis de la langue arabe*** *que nous allons mener.*

« ...A la place de l'apprentissage de l'anglais, cela peut être l'apprentissage de l'arabe en CP... »
Dans son discours, il est remarquable de noter que JM Blanquer ne désigne absolument pas le français comme « grande langue de civilisation » et ce n'est pas anodin : il fait tout pour éradiquer la culture française, notamment par le fait de l'absence de littérature française dans les programmes destinés à nos enfants et ce, dans la continuité du discours délirant de Macron qui nous assène sans vergogne que *« la culture française n'existe pas » !*
Par ailleurs, il est à noter qu'il ne s'agit pas de « relancer » (sic) l'apprentissage de la langue arabe mais plutôt de la généraliser.
En effet, les E.L.C.O - Enseignement de Langue et de Culture d'Origine – 65% en arabe, 18% en turc – ont été créés dès les années 70 pour s'adresser aux élèves issus de l'immigration, dispensés hors du temps scolaire à raison de 1H30 à 3H par semaine à partir du CE1.
A la rentrée 2016, cet enseignement concernait 80 000 élèves en école primaire, 5000 en collège et mobilisait 850 professeurs en exercice.
Ils ont été transformés en E.I.L.E. (Enseignement International en Langues Etrangères) par NV. Belkacem, **ouverts à tous,** avec des exigences renforcées dans le contenu de l'enseignement et dans le recrutement des enseignants, lesquels sont originaires des pays concernés.
Ils sont désormais intégrés à l'équipe pédagogique.

Les cours de langue et culture d'origine ont donc été remplacés par des cours d'**arabe,** langue **toujours appréhendée à travers la lecture du coran :** il s'agit donc en même temps d'un enseignement religieux...dans une école dite laïque...cherchons l'erreur !

Le journal « le Monde » du 3 février 2016 révélait dès cette époque, l'existence d'environ 100 E.I.L.E. sur le territoire national pour des élèves regroupés en dehors de la classe, E.I.L.E appelés dès lors, à être intégrés aux activités périscolaires sans l'avis des parents, avec une généralisation du dispositif à la rentrée 2018.

C'est déjà le cas dans un certain nombre de villes où les cours de littérature arabe sont dispensés tant au niveau scolaire que périscolaire alors même que la littérature française ne figure nulle part.

Par ailleurs, selon le site « Eduscol » du 6 avril 2016, un programme commun de langue arabe a été élaboré par les trois pays du Maghreb : Algérie, Maroc, Tunisie, et une évolution a été engagée pour permettre **que cet enseignement devienne un cours de L.V.E.** (Langues Vivantes Etrangères) au même titre que les autres langues et dispensés aux élèves sur le temps scolaire.

La circulaire de rentrée du 13 avril 2016, indiquait d'ailleurs expressément que l'enseignement en langues et cultures d'origine (ELCO) était en passe d'évoluer vers le dispositif E.I.L.E (enseignement international de langues étrangères) dans le premier degré, dispensé en plus des 24 heures de cours, ouvert à tous les élèves volontaires de CE1, quels que soient l'origine, la

nationalité et le niveau linguistique de départ, la continuité étant assurée dans le cadre des dispositifs bi-langues au niveau du collège.
L'expérimentation du dispositif eut lieu à la rentrée 2016 dans des académies pilotes, avec un ajustement à la rentrée 2017 et dans la foulée, une généralisation à la rentrée 2018 et ce, en dépit des sonnettes d'alarme émanant de certains parlementaires.
Ainsi du député Damien Meslot qui, en 2013, avait déposé une proposition de loi (rejetée) pour interdire le financement des cours d'arabe par des pays étrangers, alertant ainsi :
« *...des Etats étrangers financent les cours de langues étrangères pour transmettre des messages contraires aux lois de la république, des appels au trouble à l'ordre public sur le territoire national...* »
Le 28 avril 2016, à la question au gouvernement du sénateur du Vaucluse Alain DUFAUT, le ministre de l'Education a répondu : *« ...il s'agit que...désormais, l'apprentissage de langues telles que l'arabe, le turc...se fasse dans un cadre plus banal, comme on apprend l'anglais, l'allemand ou l'espagnol... ».*
C'est clair et net.
Ce dispositif a donc été entériné par JM Blanquer qui n'a nullement remis en cause cette politique.
C'est assez dire qu'en tous points, il poursuit la politique de ses prédécesseurs, agissant en connaissance de cause, poursuivant la politique éducative qui assassine l'identité française sans état d'âme.

Foulant aux pieds la langue française, laissant perdurer les méthodes ineptes d'apprentissage de la lecture qui grippent le cerveau des enfants durablement, les empêchant d'appréhender la très riche culture française, ne prévoyant de littérature française à aucun niveau de la scolarité, il valorise au plus haut point la culture arabe qui est le prélude à l'islamisation de la France aussi bien sur le temps scolaire que périscolaire. Alors, lorsque Monsieur Blanquer prétend combattre le fondamentalisme islamiste...nous pouvons le croire !

Les maires mis devant le fait accompli

A cet égard, le maire d'une commune alsacienne avait relayé un message désespéré et indigné relatant le fait qu'il était prévu des cours de turc dans son école communale le mercredi après-midi, cours dispensé par un instituteur turc, cette décision ayant été prise sans concertation.
Ce maire a fait savoir qu'il s'y opposait et pour ce faire, a pris rendez-vous avec le rectorat, indiquant que si le recteur et l'inspecteur d'académie décidaient de passer en force, il ferait bloquer l'école et inviterait la presse afin de porter le débat sur la place publique.
Tout ceci n'a pas empêché nos gouvernants de poursuivre leur politique assassine.

III – PARENTS NON REPRESENTES,

ENFANTS EN DANGER

Le gros problème est que les parents d'élèves de l'enseignement public et privé sous contrat sont démunis devant une telle entreprise, non seulement de décérébration de nos enfants mais de destruction de l'identité française.
Censés être représentés, par trois principales fédérations dites de parents d'élèves, pour relayer leurs aspirations en matière éducative - la F.C.P.E, la P.E.E.P et l'U.N.A.P.E.L - il est permis de se poser quelques questions à leur sujet et d'être plus que dubitatifs sur les objectifs qu'ils poursuivent.

F.C.P.E

(**F**édération des **C**onseils de **P**arents d'**El**èves)

Créée en 1947, sous l'égide du secrétaire général du S.N.I (syndicat national des instituteurs) d'obédience communiste et du président de la « ligue française de l'enseignement » très ancrée à gauche également, pendant longtemps les principaux acteurs de la F.C.P.E ont cumulé des responsabilités au sein de cette fédération avec celles au sein du S.N.I (syndicat national des instituteurs).
Aujourd'hui encore, leurs dirigeants s'abreuvent aux même sources idéologiques et politiques, c'est assez dire que lorsqu'il est prétendu qu'elle représente les parents, qu'elle est apolitique et autonome ... nous pouvons le croire !

Rôle officiel

Le rôle de cette fédération est celui d'être régulièrement et seulement consultée dans toutes les instances où les parents ont voix au chapitre, autrement dit différents conseils et commissions : conseil d'école, d'administration, conseil de classe, conseil départemental de l'Education Nationale, commissions spécialisées et groupes de travail, conseil supérieur de l'Education Nationale... afin de dialoguer avec les différents échelons de cette administration.

Dans la pratique...

La F.C.P.E revendique 280 000 adhérents.
Les a-t-elle ? Nous l'ignorons.
Même si nous tenons ces chiffres pour crédibles, quoi qu'il en soit, cette fédération est « en chute libre » puisqu'à son apogée en 1971, elle comptabilisait 1,2 millions d'adhérents ! Son rôle n'en demeure pas moins primordial.
Considérant son financement qui est assuré non seulement par le prix de l'adhésion annuelle des parents d'un montant minimum de 21E, (ce qui représente un montant total minimum de 5 880 000E) mais également par des subventions qui lui viennent du ministère de l'Education, il est permis de s'interroger sur le fait de savoir si la F.C.P.E représente les parents ou si elle est au service du gouvernement.
Ainsi, la subvention annuelle de 330 000E allouée par le ministère de l'Education à la F.C.P.E en 2012, a été

majorée en 2013 de 150 000E par Vincent Peillon pour faire « avaler » la réforme des rythmes scolaires !
A une journaliste qui demandait à Paul Raoult, président de la F.C.P.E au moment de cette réforme pourtant contestée par une majorité de parents : « *Vous sentez-vous débordés par votre base quand, sur le terrain, des parents F.C.P.E portent la contestation ?* »
« *Non,* a- t-il répondu, *« les congrès nous ont renforcés, notre projet éducatif est notre liant. Ceux qui portent une contestation doivent le faire à titre personnel* ».
C'est assez dire la philosophie de cette fédération et si elle représente réellement les parents !
Si cette réponse n'est en aucun cas être recevable, elle a au moins le mérite d'être claire : la F.C.P.E est donc uniquement partenaire du ministère de l'Education Nationale, comme elle l'a toujours été, et les parents sont les « dindons de la farce », nullement représentés dans leurs attentes à l'égard du système éducatif.

Une suite logique

En raison de sa création par des personnalités très ancrées à gauche et faisant partie intégrante d'un système éducatif dont l'objectif affiché était, non l'instruction mais l' « *épanouissement des élèves (...) et la défense de l'école laïque...* », pour faire aboutir cet objectif contenu dans le plan Langevin-Wallon de 1947 - curieusement « sorti des cartons » la même année que la date de création de la F.C.P.E - il a fallu mettre les parents d'élèves « sous tutelle » afin de leur faire avaler

les pilules empoisonnées des réformes qui ont jalonné ces soixante dernières années dans le but de ... laisser « s'épanouir » (sic) les élèves et défendre la laïcité : c'est ce que cette fédération a fait, reléguant les aspirations des parents à un enseignement de qualité au 2nd rang, quand ce n'est pas aux calendes grecques.
C'est ainsi que cette fédération censée représenter les parents, ne représente en réalité qu'elle-même et les différents gouvernements en place depuis 1947, lesquels ont tous poursuivi la même politique éducative.
Les différentes prises de position de cette fédération sont d'ailleurs éloquentes à ce sujet. Ainsi, la F.C.P.E s'est prononcé en faveur de la « *suppression des notes à l'école* » et de la « *promotion de la théorie du genre* » en dépit de l'opposition de l'immense majorité des parents.
Relativement à la suppression des notes à l'école, un sondage réalisé par « le figaro.fr » publié le 24 juin 2014 a fait ressortir que sur 39233 votants, 94% étaient contre et 6% seulement pour, ce qui n'a pas empêché la F.C.P.E d'annoncer qu'elle « *ne veut plus de notes ni de devoirs* ».
Et pour cause ! les notes ont été supprimées pour masquer la réalité de la « refondation » de l'école pour nos enfants où toute idée de transmission des savoirs est exclue, ce qui prouve la complicité de la F.C.P.E. avec la politique gouvernementale.
En ce qui concerne l' « *idéologie du genre* » que la France entière a combattue, la F.C.P.E n'en a pas moins

demandé la *« généralisation de l'ABCD de l'égalité »* - programme d'enseignement dont l'objectif est de lutter contre le sexisme et les stéréotypes de genre – d'assurer la promotion de cette idéologie à l'école, marquant ainsi sa volonté délibérée de perturber nos enfants dans la construction de leur personnalité dès la maternelle et d'en faire des désaxés, facilement manipulables par le système, ce qui effraie à juste titre, les parents.
De même, la récente campagne de publicité de la F.C.P.E montre une mère voilée avec son enfant, avec la mention suivante : *« oui, je vais en sortie scolaire, et alors ? »* suivie de *« la laïcité, c'est accueillir à l'école tous les parents sans exception »* .
Cette campagne est loin de représenter la volonté des parents qui sont tout à fait en droit de contester à la fois cette politique et cette fédération… allahlisée pourrions-nous dire.
Mais il est évident que cette campagne s'est faite, contrairement aux apparences, sous l'impulsion et avec l'aval de JM Blanquer qui a déclaré :
«… La loi protège le droit de ces accompagnatrices à participer aux sorties scolaires…sur le plan juridique, le fait de porter le voile lors des sorties scolaires, c'est possible…», marquant néanmoins de tout petits bémols, à savoir :
«…Mais nous n'avons jamais dit que c'était à encourager … elles feraient mieux d'enlever le voile… le voile n'est pas souhaitable dans notre société, tout simplement… » afin de « ménager la chèvre et le chou ».

En réalité, la tempête déclenchée à ce sujet fut une tempête dans un verre d'eau car, rappelons que dans le vade-mecum de la laïcité produit par JM Blanquer au printemps 2018, il est stipulé... en fin de document :

- fiche 21 : « *les parents ne sont pas soumis à l'interdiction du port de signes* »,
- fiche 22 : « *les intervenants extérieurs ont le droit de manifester ostensiblement leurs convictions philosophiques ou religieuses* »..

Les voilées ont donc encore de beaux jours devant elles, ce qui n'a pas empêché - entre autres journalistes - Caroline Beyer dans « le Figaro actualités » du 24/09/2019 de titrer :
«... Bataille à couteaux tirés entre le ministre de l'Education Nationale - toujours très ferme sur le sujet - (sic) et la première fédération de parents d'élèves » !

P.E.E.P

(Fédération des **P**arents d'**E**lèves de l'**E**nseignement **P**ublic)

Seconde fédération censée représenter les parents d'élèves, la P.E.E.P revendique 200 000 adhérents et brasserait environ 3 000 000^{E} par an.
Association loi 1901 reconnue d'utilité publique ayant le même rôle que la F.C.P.E, la P.E.E.P est « cataloguée » comme proche des idées de droite avec toutes les valeurs qui y sont attachées : primauté de la famille, indépendance politique et défense d'une vision élitique

de l'enseignement, c'est-à-dire d'une vision qui privilégie l'accès de tous les enfants à l'excellence dans leur domaine et à leur niveau de compétences.
En réalité, l'attachement originel à ces valeurs résulte du fait que cette fédération a été créée en 1910 par des familles bourgeoises parisiennes, mais cette estampille ne semble plus du tout correspondre aux canons de cette fédération.
En effet, les prises de position et revendications se rapprochent dangereusement de celles de la F.C.P.E pour « démocratiser » l'enseignement, c'est-à-dire en réalité, pour ramener l'éducation de tous les enfants au plus petit commun dénominateur, faisant le choix des exigences les plus élémentaires afin qu'ils soient tous au même niveau, c'est-à-dire au niveau le plus bas.
Ainsi, la P.E.E.P a apporté sa caution à la suppression de la notation des élèves en déclarant :
« *... les notes ne sont pas motivantes... ce n'est pas lisible ni pour les parents ni pour les enfants...elles n'aident pas les élèves à progresser*...(on en apprend tous les jours !) ... *c'est une bonne chose de vouloir réformer...* » ...cautionnant donc forcément la nouvelle philosophie du système éducatif destructeur de l'avenir de nos enfants.
Ces fédérations sont donc complices de la destruction de l'institution scolaire en tant que telle, ne se préoccupent pas le moins du monde de la volonté des parents pas plus que de l'intérêt des enfants et de celui de la nation française et, bien qu'elles n'aient recueilli que 15% des votes seulement aux élections d'octobre

2015 dans le premier degré par exemple, elles n'en continuent pas moins de faire « la pluie et le beau temps ».
Tout ceci est assez dire que si les parents sont conscients de l'obstruction faite à leurs réelles préoccupations et revendications par ces deux fédérations, ils se montrent néanmoins impuissants à les combattre.

- **U.N.A.P.E.L**

(Union Nationale des Associations de Parents d'élèves de l'Enseignement Libre)

Quant à l'U.N.A.P.E.L (Union nationale des associations de parents d'élèves des écoles libres) qui revendique 800 000 adhérents, elle a été créée en 1933.
Au lendemain de la 2nde guerre mondiale, au nom du droit des parents à éduquer leurs enfants et du pluralisme, elle lance une grande campagne en faveur de l'enseignement, manifestant dès lors, la volonté d'une prise en charge financière des établissements libres par l'Etat.
La loi Debré de 1959 favorisant la conclusion de contrats entre les établissements privés et l'Etat, offre à ces écoles la possibilité de recevoir des subventions publiques mais à condition que ces établissements répondent à un « besoin scolaire reconnu », autrement dit qu'ils correspondent aux critères de l'Education Nationale.
Qui paie commande !

C'est ainsi que l'U.N.A.P.E.L n'est désormais pas plus indépendante de l'Etat que la F.C.P.E et la P.E.E.P agit en partenariat avec l'Etat pour obtenir les subventions qui lui sont versées et qui viennent s'ajouter aux adhésions des parents.

Parents non représentés, enfants en danger,

Ainsi, ces fédérations censées représenter les parents d'élèves, ne représentent en réalité qu'elles-mêmes et l'idéologie la plus révolutionnaire de ceux qui nous gouvernent ;
De surcroît, elles nuisent sans vergogne à l'intérêt des enfants, ne défendant nullement les valeurs auxquelles les parents sont attachés en contrecarrant leurs aspirations les plus naturelles à une école de qualité, accaparant et confisquant leur parole.
Il faudrait que les parents s'affranchissent de leur influence délétère, reprennent la parole pour en finir avec cette imposture qui dure depuis trop longtemps et que soit battue en brèche cette coalition nauséabonde avec ceux qui nous gouvernent, d'autant que les enseignants ne sont pas davantage représentés par leurs syndicats qui prétendent pourtant agir également en leur nom.

2nde PARTIE

Renforcement de la politique de grand remplacement des élites

Lors de sa conférence de presse à l'Elysée le 25 avril 2019, Macron a fixé une « ambition » pour notre pays :
«...*Redonner une espérance de progrès à chacun en demandant à chacun le meilleur de lui-même...* ».
Cela, c'est pour l'effet d'annonce !
...enchaînant ainsi :
«...Dès son installation, le gouvernement a fait de l'éducation dans les quartiers prioritaires de la politique de la ville une priorité, elle se traduit par des mesures concrètes et fortes :

. « dédoublement des classes qui bénéficie à près de 190 000 élèves de CP et CE1 depuis la rentrée 2018-2019,

. « augmentation, sur 3 ans, de la prime aux 60 000 personnels de l'Education Nationale exerçant dans les établissements REP+,

. « devoirs faits,

. « plan mercredi,

. « déploiement d'une offre de plus de 30 000 stages de qualité pour les élèves de 3ème des 'quartiers' (sic).... »

Certes, la politique éducative d'excellence réservée aux populations issues de l'immigration n'est pas une première mais, sous l'impulsion de Macron, JM Blanquer procède à un renforcement massif de l'ensemble des dispositifs déjà mis en place - dispositifs dont il a d'ailleurs été pour une bonne part l'initiateur - car, comme lui rappelait son interlocuteur Alexis Corbière lors d'un débat télévisé, « vieux routier » de l'Education Nationale, il est *« tout sauf un homme neuf ».*

De fait, lorsque JM Blanquer devient recteur de l'académie de Créteil en 2007, sous sa direction et avec l'appui du ministre de l'éducation de l'époque, Xavier Darcos, cette académie deviendra un laboratoire où sont expérimentées des mesures réservées aux populations issues de l'immigration.

Ainsi du *« micro-lycée »* pour les « décrocheurs » (sic), des *« conventions d'éducation prioritaire »* avec Sciences Po, sans oublier l'*« internat d'excellence »* de Sourdun qualifié par JM Blanquer lui-même - qui allait même jusqu'à envisager de payer les élèves ! - d'*« utopie éducative concrète »*, internat qu'il a été chargé de développer en France, ce qu'il a fait.

Lorsqu'il est devenu directeur général de l'enseignement scolaire (D.G.E.S.C.O) au ministère de Luc Chatel en 2009, il a poursuivi sa politique délétère et c'est ce qu'il continue de faire une fois ministre, tout cela dans une parfaite logique !

1 - RAPIDE HISTORIQUE

Dès 1981, ont été créés des zones d'éducation prioritaire (Z.E.P).
Au sein de ces Z.E.P. se trouvaient des établissements scolaires bénéficiant d'avantages divers pour des populations en difficulté, avantages surtout matériels : classes moins chargées, moyens financiers supplémentaires...
Cette politique n'a pas abouti, et pour cause !
Le mal ne fut pas traité à la racine en vertu du maintien des méthodes pédagogiques et des programmes en vigueur dans l'Education Nationale.
Déjà fatals à nos enfants, ils l'étaient encore plus pour les élèves issus de l'immigration.
Ce système n'ayant rien donné, tout le monde a cru que les populations des banlieues n'étaient pas amendables.
Or, une véritable politique d'éducation prioritaire - efficace, celle-ci - a été conçue et mise en œuvre dès la fin des années 1990-début des années 2000, essentiellement pilotée, non pas par le ministère de l'Education Nationale mais par le ministère de la Ville, et cette politique a apporté la preuve de toute son efficacité.
N'étant pas apparue dans le budget de l'Education Nationale, non médiatisée par surcroît, cette politique éducative est passée inaperçue pour le grand public bien qu'elle nous ait coûté et continue à nous coûter fort cher !
Le dénominateur commun de tous les dispositifs instaurés depuis lors, fut et l'usage de méthodes

pédagogiques efficaces joint à un suivi individualisé et personnalisé, en d'autres termes, il s'est agi dès cette époque, d'un préceptorat dispensé aux élèves issus de l'immigration, en dehors du temps scolaire.

Ainsi, dès le début des années 2000, des dispositifs de remise à mise à niveau ont été constitués dans les « zones urbaines sensibles » (Z.U.S.) avec des « ***équipes de réussite éducative*** », équipes pluridisciplinaires proposant un parcours éducatif adapté, une prise en charge individualisée d'enfants *« en fragilité »* de l'école maternelle au collège ainsi que des aides dans différents domaines (scolaire, social, sanitaire, culturel, sportif), ce dispositif a bénéficié en tout, à environ 1 200 000 élèves.

Également depuis une vingtaine d'années, les « ***E2C*** » ***(écoles de la 2nde chance***) d'appellations diverses – « *micro-lycée, lycée nouvelle chance, collège élitaire pour tous, lycée au long cours, lycée du futur…* » - mais correspondant au même dispositif – ont été créées.

Elles sont au nombre de 124 actuellement.
Elles permettent une rescolarisation complète (6 à 10 mois) de 15 000 jeunes (sic) de 18 à 25 ans « ayant décroché », pour une remise à niveau des savoirs de base.
Depuis le lancement du dispositif, environ 200 000 « jeunes » en ont bénéficié.

Enseignement secondaire d'excellence

Depuis 2008, ont également été créés les ***« internats d'excellence »*** au niveau du collège et du lycée : une idée et une réalisation de JM Blanquer !
20000 places créées en 2008, 6000 de plus en 2013 renommés ***« internats de la réussite »*** désormais généralisés dans les R.E.P en ***« internats*** - dits - ***de proximité.***
Également ont été instaurés les « ***parcours d'excellence*** » au sein des collèges et des lycées de l'éducation prioritaire pour les élèves volontaires.

Dispositifs d'accès à l'enseignement supérieur d'excellence

Dans le prolongement de ces dispositifs, différents moyens ont été déployés afin de favoriser l'accès à l'enseignement supérieur d'excellence des populations issues de l'immigration :
. soit en instituant une **procédure d'exception** - recrutement sur dossier et non sur concours - c'est le cas de Sciences Po. qui a intégré depuis 2001, plus de 1600 étudiants de l'éducation prioritaire,
. soit en apportant une **aide pédagogique individualisée**, c'est le cas de l'ESSEC depuis 2002, dont la formule a été reprise par d'autres Grandes Écoles comme l'X depuis 2005, également les Ecoles Normales Supérieures, l'École des Mines et des Ponts avec la formule « tremplin », HEC et autres écoles de commerce avec les formules « fleur de bitume », « Zup de CO », Arts et métiers-Paris-tech…

C'est ainsi que dès 2007, environ 2000 élèves issus des Z.E.P ont été accompagnés par des étudiants des Grandes Écoles et écoles d'ingénieur, soit 20 000 élèves en tout à ce jour.

. soit en instaurant des structures spécifiques qui enregistrent des taux de réussite très élevés :

Depuis 2008, les « ***cordées de la réussite*** » sont des mises en réseaux d'établissements d'enseignement supérieur avec des collèges et lycées des R.E.P (400). Depuis leur création, 500 000 élèves en ont bénéficié

...Et ça marche ! clame triomphalement Chantal Dardelet, responsable de ce pôle à l'ESSEC :

38% entrent en Grandes Ecoles et universités,

19% intègrent les Classes Préparatoires aux Grandes Ecoles (CPGE),

35% sont dirigés vers les formations spécialisées en BTS et IUT.

Egalement ont été créées des **classes spécifiques**, sortes de SAS entre le lycée et les Classes Préparatoires aux Grandes Ecoles , en complément des « cordées de la réussite » :

. Depuis une quinzaine d'années,***19 CPES*** (Classes Préparatoires à l'Enseignement Supérieur) constituent le 1er réseau national de préparation à l'entrée dans les C.P.G.E - Classes Préparatoires aux Grandes Ecoles – et sont réservées aux élèves de Terminales *« issus d'un milieu modeste résidant en zone sensible »* (sic).

A raison de 25 à 28 élèves par classe, environ 8000 élèves ont bénéficié de ce dispositif.

Le taux de réussite est de **70%** sur 5 ans, notamment pour l'entrée à Polytechnique, Centrale, les Ecoles Normales Supérieures, les Mines, Sup-aéro...

. **Depuis 2008, *26 CPI*** (Classes Préparatoires Intégrées) préparent **à** un concours de la fonction publique et ceci, au sein même d'un établissement d'enseignement supérieur de la fonction publique, pour les mêmes populations.

Environ 500 jeunes des « quartiers » (sic) sont répartis dans les 26 CPI chaque année, 20 préparent aux concours de la catégorie A.

Quelques exemples de CPI :

Depuis 2005, CPI pour l'entrée à l'**ENSP** (Ecole Nationale Supérieure de la Police)

Également, depuis 2008, CPI pour l'entrée à l'**ENM** (Ecole Nationale de la magistrature). A la rentrée 2016, 54 élèves ont été admis ; le taux de réussite fut de 33% contre 15% de moyenne nationale,

Depuis 2009, CPI pour l'entrée à l'**ENA** : CP'ENA.

En 2016, les résultats aux concours de la catégorie A des 102 étudiants admis à la CP'ENA sont les suivants:

6 admis à l'ENA,
3 magistrats de la Cour des Comptes,
2 conseillers de tribunal administratif,
7 administrateurs territoriaux,
8 au concours de la Banque de France,
15 directeurs d'hôpitaux.

Depuis 2010, pour l'entrée à l'**EN3S** (Ecole nationale supérieure de Sécurité sociale)

Depuis 2007, le ***P.E.I*** (programme d'études intégré) du réseau Sc.Po. régions a accompagné 13000 élèves : 91% ont fait des études longues dont 37% en CPGE.
Depuis 2009, **l'E.S.J** (Ecole Supérieure de Journalisme) de Lille a créé la classe préparatoire aux concours des 14 écoles de journalisme reconnues par la profession accueillant chaque année 20 élèves de l'éducation prioritaire avec un taux de réussite de 65% contre 5 à 7% à l'échelon national.

Dans le domaine de l'art également, existent des dispositifs spécifiques pour l'accès aux grandes écoles supérieures d'art et d'architecture :
Depuis 2006, toute une série de dispositifs se sont développés pour faciliter l'entrée dans les **écoles supérieures d'art** : École du Louvre, Institut du patrimoine, École nationale supérieure Louis Lumière, FEMIS (École nationale supérieure des métiers de l'image et du son), avec des taux de réussite également très élevés :
88% dans les classes préparatoires et écoles supérieures d'art,
50,5% d'admission dans les **ENSA** (Ecoles nationales supérieures d'architecture) : 5 fois plus que la moyenne nationale sur 3 ans.

Au sein de l'enseignement supérieur d'excellence

Une fois acquis l'accès à l'enseignement supérieur d'excellence, continuent à foisonner une multitude de

dispositifs d'accompagnement éducatif et pédagogique sous différentes formes : tutorat, suivi personnalisé, compléments disciplinaires, ouverture sur la culture et sur l'actualité soit au sein même de l'établissement supérieur d'excellence, soit dans les « résidences de réussite éducative » où les étudiants bénéficient d'un « *accompagnement pédagogique de très grande qualité* » (sic).
Donc un maquis de dispositifs spécifiques pour un nombre considérable de bénéficiaires et un taux de réussite dépassant bien évidemment, très largement celui de nos enfants. Tout est fait pour assurer la réussite de ces jeunes-là : NV. Belkacem avait bien dit : *« nous mettons le paquet »* !

Cerise sur le gâteau…
Loi de refondation de l'Ecole du 7 juillet 2013

La loi de refondation de l'Ecole du 7 juillet 2013 marque l'aboutissement de cette politique élitiste ; elle généralise la politique d'excellence réservée aux populations issues de l'immigration et officialise ainsi l'existence de deux systèmes éducatifs parallèles :
. Une école-lieu de vie pour nos enfants, aboutissement du plan Langevin-Wallon de destruction méthodique et progressive de l'institution scolaire pour nos enfants
. Une école d'excellence pour les élèves issus de l'immigration, couronnant ainsi l'ensemble de dispositifs d'excellence déjà mis en place pour un nombre considérable de bénéficiaires.

JM Blanquer rompt-il avec cette politique qu'il a en grande partie suscitée ?

Assurément non !

Avec le plus grand cynisme et la plus grande détermination, JM Blanquer ne cesse de procéder à son renforcement.

II - RENFORCEMENT DE LA POLITIQUE D'EXCELLENCE RESERVEE AUX R.E.P.

Il s'agit donc, pour le tandem Macron/Blanquer, de renforcer tous les dispositifs porteurs d'excellence et réservés aux élèves issus de l'immigration.

1 - Dédoublement des classes de CP et CE1 ? ...pour les R.E.P.

Ces dédoublements ont concerné 60000 élèves à la rentrée 2018, 190000 en 2019 et 300000 à la rentrée 2020 ... élèves des R.E.P. et des R.E.P.+ seulement.

Rappelons que JM Blanquer fait beaucoup de « battage » sur le dédoublement des classes dans la mesure où cette disposition est en mesure de recevoir un accueil plutôt favorable du public, mais il ne fait pas du tout état du fait que les méthodes pédagogiques « *efficaces* » (sic) et les programmes *« pour donner une culture solide »* (resic) accompagnent tous ces dédoublements.

Or, ces méthodes et ces programmes ne sont pas du tout ceux destinés à nos enfants pour qui il n'est

question que d'acquérir et de faire respecter les « valeurs de la république ».
Et quand JM. Blanquer prétend qu'il s'agit d'une « *mesure sociale de lutte contre les inégalités* », nous pouvons constater qu'il s'agit au contraire, d'une mesure éminemment inégalitaire au détriment de nos enfants.

2 - Dispositif devoirs faits ? pour les R.E.P

En réalité, le dispositif « devoirs faits » ne s'adresse pas aux collégiens dans leur ensemble mais uniquement aux collégiens des REP et REP+, c'est-à-dire aux élèves issus en très grande majorité de l'immigration et de l'immigration la plus récente.
Ce dispositif n'est pas davantage proposé dans tous les collèges mais uniquement dans tous les collèges de REP et REP+.
Voilà qui change tout.

3 - Dispositif « Jules » ? pour les R.E.P.

Dans un communiqué de presse en date du 24 janvier 2019, JM. Blanquer a présenté « Jules ».

Non ! « Jules » n'est pas le compagnon de Blanquer ; il est seulement – si l'on peut dire - le *« compagnon numérique »* lancé par Blanquer « *pour enrichir le dispositif "devoirs faits' aux côtés des collégiens* » dit-il, réitérant le mensonge le plus éhonté qui consiste à prétendre que *« devoirs faits est proposé dans tous les collèges depuis l'automne 2017 »*.

« Jules, compagnon numérique »

En réalité, il s'agit d'un service numérique créé par le CNED (Centre national d'enseignement à distance) à la demande du ministère de l'Education Nationale et de la Jeunesse avec pour objectif d'augmenter la « valeur ajoutée » (sic) du dispositif « devoirs faits » en fournissant un outil numérique innovant pour aider les collégiens à faire leurs devoirs.
Ainsi, « Jules » est censé apporter à chaque collégien qui l'interroge, des réponses précises et adaptées sur les savoirs nécessaires pour réaliser ses devoirs.
Pour l'instant, cet outil est développé en français et en mathématiques, mais il a vocation à constituer une base de connaissances couvrant les différents niveaux et les différentes matières du collège.
« Jules » est aussi un service capable de proposer des contenus personnalisés permettant aux collégiens de circuler dans les notions fondamentales,
« Jules » peut également constituer des apports en méthodologie.
Enfin, bref ! « Jules » est un compagnon sérieux, solide, sur qui les collégiens peuvent compter.
Oui, mais voilà ! tous les collégiens ne peuvent pas s'appuyer sur « Jules ».

« Jules, compagnon dédié »

Monsieur Blanquer se complait à dire que « Jules » s'adresse à chaque collégien. Dont acte ! Nous aimerions le croire, mais c'est précisément là que le bât blesse.
Il est mentionné que « Jules » est accessible à tous les élèves du collège comme aux enseignants, sur 3 environnements :
. l'espace numérique de travail de l'établissement,
. le site « devoirsfaits.cned.fr »,
. une application mobile dédiée qui est utilisable à domicile ou dans l'établissement **sur autorisation.**

Il est également stipulé : *« l'inscription à « Jules » est libre, sécurisée et gratuite* ».
Tout ceci laisse supposer que n'importe quelle personne intéressée par le sujet peut y accéder.
En réalité, déjà par l'énoncé du site, le CNED annonce la couleur (si je puis dire !).
Il inscrit son action *« pour un public ciblé »* : « devoirsfaits.cned.fr » est un site dédié, c'est-à-dire qu'il propose un contenu exclusif, dédié à un public spécifique.
S'il est donné à tout un chacun de consulter la « fiche signalétique de « Jules », lorsqu'il s'agit de s'introduire dans le site : pas question !
Il faut s'identifier et avoir un mot de passe.
En fait de site libre et gratuit, il s'agit d'un site forcément réservé aux élèves de R.E.P et de R.E.P+ puisque « Jules » assure la continuité de l'aide apportée par « D'COL », dispositif d'aide dans l'établissement

scolaire ou à la maison, réservé également aux élèves de CM2 et de 6ème des R.E.P. Uniquement.

Conclusion

Si ce système était destiné à combler les lacunes des élèves des R.E.P et les mettre à niveau par rapport à tous les autres enfants, ce système ne serait pas choquant.
En réalité ces dispositifs préférentiels sont réservés aux seules populations issues de l'immigration et ne se justifient que par le fait qu'ils sont les seuls à bénéficier d'une véritable école où subsistent des cours par matière avec pour objectif l'excellence des résultats et la mise en œuvre de tous les moyens – les plus efficaces et les plus coûteux - pour aboutir, alors que pour tous les autres enfants, les cours sont progressivement supprimés pour faire place à des activités sans obligation de résultat, du primaire à l'Université et pour eux, pas besoin de « Jules ».

4 - Rétablissement du latin et grec ? pour les REP

Certes, JM Blanquer annonce le rétablissement du latin et du grec et le rétablit de fait.
Le gros problème est que l'enseignement du latin et du grec est réservé uniquement aux élèves de R.E.P et R.E.P+, ce qu'il se garde, bien évidemment, de mentionner. Pour nos enfants, les cours de latin et de grec ont été supprimés et ne seront pas rétablis.

D'aucuns s'en émeuvent et sont même atterrés - à juste titre - de cette lamentable décision.
Ces matières sont prétendument réintroduites dans ce qui est désigné du terme fumeux d'*« enseignement pratique transdisciplinaire dérogatoire »*, ce qui, en langage clair, signifie que l'élève est censé s'instruire en même temps en français-latin-grec au cours d'une activité qui reste à déterminer.
Tout ceci relève du fantasme le plus grossier mais s'inscrit tout naturellement dans la politique d'éducation menée dans le cadre de la « refondation » du système éducatif de nos enfants, du primaire à l'Université incluse.
La modification des rythmes scolaires, le *« plus de devoirs à la maison »*, la disparition des notes...toutes ces dispositions relèvent de la même logique.

5 - Développement des internats ? pour les R.E.P.

JM. Blanquer prévoit le développement des internats sans préciser, bien évidemment, que ces établissements sont prioritairement réservés aux élèves issus de l'immigration. Auprès d'un journaliste qui l'interroge, il évoque un « rapport » qu'il doit recevoir, un « grand plan », mais rien ne perce du contenu et pour cause ! il sait parfaitement en quoi consiste ce grand plan mais se garde bien de le rendre public !
En réalité, ces internats dits « de proximité » constituent la généralisation des « internats d'excellence » ; ils ont été désignés par la suite

« internats de la réussite » pour faire croire à leur suppression tellement ils ont été décriés tant par l'inspection générale que par la cour des comptes en raison de l'inégalité de traitement entre les enfants et du coût vertigineux de ces dispositifs, mais ils subsistent : JM.Blanquer « ne corrige nullement le tir » ; Au contraire, il renforce les dispositifs dont il a précisément été à l'origine lorsqu'il était recteur de l'Académie de Créteil !
Pour nos enfants, pas question d'internat, d'ailleurs pour quoi faire ? puisqu'il n'y a pratiquement plus rien à apprendre !

6 - Etablissements internationaux ? pour les REP

Un autre dispositif mentionné dans la loi sur l' « Ecole de la confiance » concerne les E.P.L.E.I - Etablissements Publics Locaux d'Enseignement International - constitués de classes de premier et second degré dispensant tout au long de la scolarité, des enseignements en langue française et en langue vivante étrangère.
L'objectif du gouvernement est de faire émerger une dizaine de ces établissements avec un statut sur mesure ; trois projets sont déjà bien avancés (Courbevoie, Lille, Marseille).
Il est stipulé que la scolarité dans ces E.P.L.E.I déroge aux objectifs de l'article 122-1-1 c'est-à-dire à la logique de l'acquisition du « socle commun de compétences » applicable à tous les élèves qui ne sont

pas dans les R.E.P – autrement dit à nos enfants – ce redoutable article où sont seulement énoncés des objectifs qui n'ont aucune chance d'être atteints dans la mesure où aucun programme précis n'est défini pour aboutir et qu'aux cours sont substitués des activités.
Pour ces E.P.L.E.I, pas question d'être assujettis à cet article 122-1-1, à celle d'une école-lieu de vie mais à la logique d'une véritable école contrairement à celle destinée à nos enfants.
Pour ces établissements, outre la définition d'objectifs, il est question de programmes de formation... de chaque année d'études ... il n'est donc pas davantage question d'école inclusive, ce qui conduit à nous interroger sur le fait de savoir à qui sont destinés ces E.P.L.E.I ?
Nous avons la réponse dans la déclaration mensongère de JM.Blanquer aux parlementaires :
« Aujourd'hui, l'enseignement international est souvent réservé aux familles favorisées (faux) *qui scolarisent leurs enfants dans des écoles privées et coûteuses. En vous soumettant la création d'établissements publics locaux d'enseignement international, je vous propose de donner au service public d'éducation une plus forte dimension internationale pour permettre à des élèves venus de tous les milieux, de tous les horizons, de bénéficier de cette dynamique et de s'ouvrir encore davantage sur l'Europe et sur le monde...*
«... En cela, le texte que nous examinons est résolument un texte de confiance dans les « territoires »...(terme utilisé par JM Blanquer pour désigner les R.E.P) *...à*

*s'organiser selon leurs contraintes tout en respectant le cadre national... « ... Ces petites « patries » (*pas moins !*) qui font la grande (?), c'est l'histoire de « notre » (?) Ecole française ».* Et Blanquer d'enchaîner sans sourciller :

« Il revient donc à l'Etat d'assurer l'équité entre les territoires, en donnant plus à ceux qui ont besoin de plus, c'est ce que nous faisons pour l'éducation prioritaire, pour l'école rurale et pour celle des territoires ultramarins ...

« ...Cette politique d'équité s'adresse particulièrement aux élèves les plus fragiles... ».

Tout est dit. Il s'agit bien d'établissements destinés aux élèves des R.E.P et R.E.P+.

Dans le texte de loi, il est également mentionné que les élèves sont sélectionnés dès la maternelle sur la maîtrise d'une langue étrangère !...c'est tout dire !

Ces établissements peuvent recevoir des fonds privés, dérogent aux règles habituelles de l'Education Nationale, sélectionnent les élèves sur critère social et préparent le bac international .

Il a d'ailleurs été relevé, dans un article produit par « BFMTV.com » en date du 28/12/2018, que *« JM.Blanquer joue la carte de la mondialisation et qu'il veut des établissements spécialisés pour les élèves polyexclus, avec un statut ad hoc d'établissement public local d'enseignement international (E.P.L.E.I) ».*

Le message ne peut pas être plus clair !

C'est ce que les parlementaires ont voté sans sourciller ! En fait, il s'agit de regrouper des structures scolaires d'excellence – école primaire, collège, lycée - déjà existantes et réservées aux élèves issus de l'immigration en un seul établissement et de généraliser ces établissements.

7 - Revalorisation des salaires de enseignants ?

C'est pour ceux qui enseignent en R.E.P.
Il est question des enseignants français moins bien payés que dans beaucoup d'autres pays. Que prévoit JM Blanquer ? La revalorisation des salaires, mais seulement pour les personnels enseignant en REP et REP+ : 2000 euros ont été alloués en 2018, 3000 euros en 2019 et en 2020, cela continue.
Que ne ferait pas le gouvernement pour rendre attractifs ces postes d'enseignants ?

8 – Les cités éducatives

Pour couronner ce royal système éducatif en faveur des « quartiers » (...) où les immigrés sont traités comme des princes, par une circulaire interministérielle des ministères de l'Education nationale, de la Cohésion territoriale, de la Ville et du Logement du 13/02/2019, a été institué le label *« Cités éducatives »*, label d'excellence de *« territoire de haute qualité éducative »* qui – selon le ministère de la cohésion des territoires, s'adresse en priorité aux *« grands quartiers prioritaires, en renouvellement urbain et sans mixité scolaire »*! le but étant d'assurer le renforcement de la prise en

charge et de la coordination des actions en faveur des jeunes de 0 à 25 ans des quartiers prioritaires de la politique de la ville avant, pendant et après le temps scolaire avec le concours de tous les acteurs éducatifs, le ministère de l'Education Nationale et de la jeunesse mettant à disposition des acteurs locaux, une ingénierie renforcée.
Le financement est assuré par le ministère de la cohésion des territoires, le ministère de l'Education Nationale (santé...), mais aussi les préfectures, également les collectivités territoriales (communes, intercommunalités, départements, régions), les C.A.F, les associations...enfin ! bref ! tout le monde met la main au porte-feuilles sans compter ! et ce sont encore les gaulois – réfractaires ou non – qui paient la facture, une fois de plus !
En ce qui concerne le seul financement par le ministère de la ville, il est prévu une attribution de 100 millions d'euros sur la période 2019-2022 !
80 cités éducatives ont ainsi été labellisées en septembre 2019 ; elles concernent 525000 enfants et jeunes de 0 à 25 ans des quartiers prioritaires *« les plus fragiles »* (sic) mais... de haute qualité éducative !

9 - Après-confinement

L'après-confinement est une aubaine pour justifier le renforcement du déluge de **dispositifs destinés aux élèves des REP** pendant les vacances scolaires et à la rentrée scolaire 2020.

L'objectif affiché par le gouvernement est le suivant : *« combler, de manière distrayante et enrichissante les lacunes accumulées depuis le début de la période de confinement et de remobiliser les savoirs après cette période ».*

I- Dispositif « vacances apprenantes »

Présenté le 6 juin 2020 par le ministre de l'éducation, l'opération « vacances apprenantes » - dont sont exclus nos enfants - est destinée à un million d'élèves.
Soi-disant doté d'une enveloppe de 200 millions – en réalité beaucoup plus!- ce dispositif est entièrement gratuit pour les familles les plus modestes...
Censé répondre à un objectif pédagogique de lutte contre les retards et les risques de décrochage scolaire, il se présente sous différentes formes mais le dénominateur commun est celui du temps partagé entre, d'une part, un renforcement scolaire, d'autre part, des activités de loisirs sportives et culturelles...de grande qualité (sic).

. Ainsi a été renforcé le dispositif **« école ouverte** » dans les établissements du lieu de résidence, destiné à 400 000 élèves du primaire, du collège et des lycées professionnels...des R.E.P.

. Un nouveau dispositif : « **Ecoles ouvertes buissonnières** » a permis d'accueillir des enfants de 6 à 17 ans dans des écoles ouvertes à la campagne ou en bord de mer, ou en mini-camps sous tente. .

Quant aux colonies de vacances apprenantes, étalées sur les mois de juillet et août, elles furent

destinées à 250 000 enfants dont 200 000... « *en QPV* » (sic) - comme le dit Blanquer pour tromper son monde - en réalité cela signifie enfants issus des « *Quartiers de la Politique de la Ville* » autrement dit enfants d'immigrés...et 50 000 relevant d'aides de droit commun (Caisses d'allocations familiales, chèques-vacances, aides de la collectivité).
Elles sont assurées par différents organismes - associations d'éducation populaire, collectivités territoriales, structures privées, comités d'entreprise... - qui bénéficient d'un label délivré par l'Etat.
L'aide financière de l'Etat versée aux collectivités partenaires étant de 400E par jeune et par semaine, la facture pour nous autres gaulois, a été de 800 millions d'euros pour deux mois !

. En ce qui concerne les a**ccueils de loisirs apprenants sans hébergement,** ils ont été destinés à 300 000 enfants. Organisés par les collectivités (communes, EPCI,) ils ont reçu une aide exceptionnelle de l'Etat pour augmenter les capacités d'accueil et proposer des activités éducatives, culturelles et sportives ; de plus, des ressources pédagogiques ont été mises gratuitement à disposition, notamment celles du CNED et ce, du CP à la Terminale.

Par contre, pour les 250 000 familles de personnels soignants et salariés pendant la crise, seulement 300E en chèques vacances leur ont été alloués, utilisables du 01/07/2010 au 31/12/2020 et...comme il leur plaira !

2 – Dispositifs de rentrée

Quant aux dispositifs de rentrée, ils sont consignés dans la circulaire de rentrée 2020 parue au JO le 10/07/2020 et comportent différents volets :
* **Un renforcement de l'accompagnement personnalisé** – « un effort inédit » (sic)– avec 1 500 000 heures supplémentaires et 130 000 heures d'aide aux devoirs d'ici décembre 2020 pour les CP, 6ème et 2nde en priorité. Cet accompagnement personnalisé prend différentes formes :

. Pour **l'école primaire,** des activités pédagogiques complémentaires sont proposées,

. **Au collège**, sont prévus des **parcours de soutien renforcés :** soit un parcours scolaire et périscolaire intégré du lundi au vendredi, soit un parcours scolaire renforcé avec une dotation de 5heures consacrés à la remédiation en lecture, écriture, ou calcul.

Par ailleurs, le dispositif **« devoirs faits »** est également **renforcé :** 3 heures d'accompagnement par semaine et par élève (4heures en 6ème) de septembre à décembre,

. **Au lycée,** sont organisées des heures d'accompagnement jusqu'en décembre.

En plus de tous ces dispositifs, est établi un **renforcement des stages de réussite** du CP au lycée.

* Un **renforcement de la Lutte contre le décrochage scolaire** est également organisé, d'une part, en

mobilisant dès les premiers signes les familles, afin de pouvoir accompagner scolairement et socialement les élèves ; d'autre part, en limitant le nombre d'élèves par classe en maternelle (grande section), CP et CE1 des R.E.P. à 12 maximum,

* **Les « cordées de la réussite »** sont amplifiées pour permettre à 180 000 lycéens *« défavorisés »* (sic) d'en bénéficier afin d'accéder à l'enseignement supérieur.

* **Renforcement du « plan mercredi »** pour les enfants de la maternelle au CM2.

. Sous prétexte que la concentration des classes sur 4 jours pénalise les enfants des milieux défavorisés (selon les spécialistes et notamment les chercheurs de l'OCDE (...), le « plan mercredi » permet depuis la rentrée 2018, de proposer des activités de grande qualité (sic) en cohérence avec les enseignements scolaires avec réalisation finale – œuvre, spectacle, exposition, tournoi...- le mercredi dans le cadre de l'offre périscolaire et extra-scolaire.

Ce plan permet l'accès à des praticiens de qualité dans des domaines très différents : artistique, scientifique , environnement, citoyenneté, sport.

L'Etat, en partenariat avec les CAF, accompagne les collectivités territoriales (communes, départements) pour bâtir des plans éducatifs territoriaux ambitieux... (quand il est question d'ambition, c'est toujours pour les REP !), ceci afin de faire du mercredi un temps de réussite et d'épanouissement !

En 2018-2019, il y a eu plus de 2000 « plans mercredi sur plus de 4000 communes regroupant 2 millions d'enfants du 1er degré, en 2019-2020, il y a eu un doublement de ces plans et Blanquer procède encore au renforcement de ce dispositif à la rentrée 2020.

III - CONVENTIONS RURALITE
Une « entourloupe » au bénéfice des immigrés

Une multitude de classes ferment en milieu rural. De façon concomittante, sont instaurées des « conventions ruralité » en même temps que JM Blanquer parle d'amélioration de l'offre scolaire dans ce contexte. Quod et...au bénéfice de qui ?

1 - Situation actuelle de L'Ecole rurale

Selon les données recueillies par le sénateur Duran, auteur du rapport du même nom, depuis le début des années 1970, les communes se sont organisées pour gérer leurs effectifs en procédant à des R.P.I - Regroupements Pédagogiques Inter-communaux - conçus de deux façons en fonction des caractéristiques locales :

. soit des « R.P.I. concentrés » où les élèves de tous les niveaux sont regroupés dans une même école,

. soit des « R.P.I. dispersés » où les élèves sont regroupés par niveau sur différentes écoles de communes limitrophes. Exemple :

. CP dans la commune A,

. CE1 et CE2 dans la commune B,

. CM1 et CM2 dans la commune C.

En 2014, 4859 R.P.I. ont été répertoriés dont 3800 dispersés, un « R.P.I. dispersé » accueillant en moyenne 115 élèves répartis sur un peu plus de 3 communes et 5 classes, ce qui donne une moyenne de 23 élèves par classe, soit beaucoup plus que dans les classes de R.E.P. destinées aux élèves issus de l'immigration.

Ce système des R.P.I. permet la scolarisation de 560 000 élèves, soit 8% de la population scolaire du premier degré et les résultats scolaires sont satisfaisants.

C'est ce qu'a d'ailleurs reconnu JM Blanquer le 23/01/2019 en préliminaire de son intervention au micro de J.P Pernaud sur LCI :

« Les écoles rurales du pays réussissent mieux que la moyenne des écoles ».

Il ne peut donc pas invoquer l'inefficacité du système ce qui, de toutes façons, n'est pas son premier souci... pour nos enfants s'entend !

Alors, pourquoi et pour qui le ministre procède-t-il à la fermeture de classes d'écoles rurales quand les petites classes de l'école primaire des R.E.P. (réseaux d'éducation prioritaire) sont à 12 et qu'il *« encourage »* (sic) - dans les faits...oblige ! - la signature par les maires, de « conventions ruralité » ayant pour objectif *« le regroupement d'écoles rurales et leur mise en réseau »* ainsi que l' *« amélioration de l'offre scolaire »* ? est-il dit.

La colère des maires ruraux

Les maires ruraux s'insurgent à juste titre contre les nombreuses fermetures de classes de ces dernières années : si une classe compte moins de 26 élèves, elle doit fermer.
A la rentrée 2019, 808 fermetures de classes, c'est ce qu'a décompté le SNUIpp-FSU, principal syndicat du primaire qui a fait ses propres calculs, très complets, alors même que JM Blanquer n'en déclarait que 200 à 300 « *grand maximum* » (sic) n'ayant fait le décompte que de la moitié des départements les plus ruraux ! pas fait exprès !
A titre d'exemples :
Dans les alpes maritimes, 38 fermetures de classes, 34 dans la Sarthe, 30 dans la Somme…la liste est longue.
Parallèlement, 46 ouvertures dans les alpes maritimes, 25 dans la Sarthe, 27 dans la Somme…
Alors quod ? des fermetures, des ouvertures, pour qui, pour quoi ?

Les maires ruraux de France dénoncent une entourloupe

Sur le site d'Europe 1 du 27/04/2019, Dominique Dhumeaux, vice-président des maires ruraux de France – suivi par bon nombre de maires ruraux - s'inquiète d'une aggravation de la situation des territoires ruraux du fait de la volonté de Macron et JM Blanquer d'étendre le dédoublement des classes de grande section de maternelle dans les quartiers dits défavorisés – R.E.P. et R.E.P.+ - (soit en très grande

majorité, des immigrés y compris et surtout, les derniers arrivants !) et de souligner qu' « *un nombre important de fermetures de classes ont lieu en milieu rural depuis 3 ou 4 ans, pour la bonne et simple raison que le directeur académique doit trouver des postes pour les dédoublements de CP et CE1 en REP* » et de poursuivre «… *quand j'entends le ministre dire que le dédoublement va se poursuivre en grande section de maternelle, je me dis qu'on va encore devoir souffrir et subir des fermetures de classes et forcément, je suis inquiet* » .
Cette situation désespère non seulement les élus, mais également les populations rurales.
Le même jour, toujours sur Europe 1, JM Blanquer, avec le cynisme dont il ne se départit jamais, a confirmé la promesse de Macron « *de ne plus fermer des classes primaires contre l'avis des maires mais…que des classes continueraient à fermer en fonction des besoins ». (…)*
Donc, « *rien de nouveau* » ! C'est ce que ponctue Dominique Dhumeaux.
Mais ce n'est pas tout !

2 – Les trois entourloupes de JM Blanquer

La suppression des classes en milieu rural comporte trois entourloupes :
. la mise en œuvre de la refondation-destruction de l'Ecole pour les populations rurales,
. l'attribution des postes d'enseignants aux élèves issus de l'immigration dans les R.E.P.

. la restructuration des classes rurales en réseaux au bénéfice des immigrés,

Mise en œuvre obligée de la refondation de l'Ecole pour les ruraux

Le sénateur Duran, qui s'ingénie à justifier la suppression des classes en milieu rural, est censé s'interroger (?) « *sur les effets que l'école isolée peut produire en termes de résultats à plus long terme et de parcours des élèves dans le second degré. De plus, l'intégration au collège des élèves qui en sont issus est plus délicate et difficile en ce qu'elle marque pour beaucoup d'entre eux, une rupture de rythmes et d'environnement à laquelle il leur est parfois plus compliqué de s'adapter* ».
Cet argument fait l'effet d'une soucoupe volante qui vient se poser subrepticement sur l'Ecole rurale !
JM Blanquer lui-même a déclaré que les résultats des classes rurales étaient plutôt meilleurs que les autres ! alors ?
La ruralité n'a jamais posé de problème ! depuis le temps que l'Ecole rurale existe, cela se saurait ! c'est pourtant ce qu'il prétend pour justifier d'obliger les familles à émigrer dans des villes pour la « scolarisation » de leurs enfants. Le but ? qu'ils soient soumis à la « refondation-destruction de l'Ecole ». En effet, dans la mesure où les cours sont remplacés par des activités en liaison avec l'environnement socio-culturel local, la réforme devient plus difficile à

réaliser en milieu rural et le gouvernement redoute que les enseignants des classes rurales continuent à enseigner, à instruire envers et contre la doxa officielle... Impensable !
A cet égard, le sénateur Duran se croit autorisé d'ajouter qu'« *il lui a été rapporté, que de la structure isolée peut parfois émerger une sorte d'isolement socio-culturel ou au contraire, la construction de formes d'identification ou de partage de schémas sociaux et culturels propres »,* autrement dit, le système craint que les populations rurales gardent leur spécificité, leur enracinement culturel ... horresco referens !

Attribution des postes d'enseignants aux R.E.P.

La deuxième entourloupe est la volonté d'attribuer les postes d'enseignants aux immigrés dans les R.E.P.
Le 7 novembre 2018, JM BLANQUER a fait une communication en Conseil des ministres sur ce qu'il appelle désormais « *les territoires* » , ce qu'en d'autres termes, pour ceux qui ne sont pas habitués à l'enfumage du ministre, il est beaucoup plus opportun de désigner sous l'appellation *« réseaux d'éducation prioritaire* », c'est-à-dire territoires où sont scolarisés en très grande majorité des immigrés et notamment des immigrés de fraîche date pour lesquels existent ce que l'on appelle les R.E.P+.
Il est mentionné que « *l'attention portée aux territoires » (R.E.P) concerne l'ensemble des politiques*

publiques et mobilise, à ce titre, l'ensemble des départements ministériels ».
Pour les immigrés, tous les ministères sont « sur le pont ... » et JM Blanquer de préciser : « depuis 2017, *la priorité a été donnée à la maîtrise des savoirs fondamentaux, politique qui s'incarne concrètement par le dédoublement des classes de CP et CE1 en éducation prioritaire ...»* (Nous y sommes !) :
« ... Rentrée 2017 : . 2200 classes de CP en REP+ pour 60 000 enfants,
. Rentrée 2018 : . 3200 classes de CP de REP,
. 1500 classes de CE1 de REP+, pour un total de 190 000 élèves, en milieu urbain, mais aussi en milieu rural,
. Rentrée 2019 : 300 000 élèves concernés, soit 20% d'une génération... »
Pharaonique ! mais où et comment trouver les postes d'enseignants pour mener cette politique ? non seulement dans le dispositif de scolarisation à 3 ans qui a permis de récupérer 3700 postes d'enseignants des classes maternelles accueillant les enfants de 2 ans, mais également en milieu rural.

« *Conventions ruralité* » au bénéfice des immigrés

Le troisième volet de l'entourloupe est encore plus assassin : il révèle les véritables objectifs de JM Blanquer, objectifs qui trahissent la population autochtone de la plus magistrale façon.

Le 8/3/2018, le site du gouvernement titre : *« l'Education Nationale engagée en faveur d'une école rurale de qualité ».*
Le 16/01/2019, invité de France-Info, JM Blanquer déclare « *développer une stratégie pour un rebond du monde rural »,* son but *étant de « le rendre attractif afin que des familles s'y installent ».*
Par ailleurs, JM Blanquer a déclaré qu'*«un minimum de 2000 créations de postes par an sera nécessaire et* (que) *2300 postes seront créés dans cette optique, dès la rentrée prochaine »,* c'est-à-dire, à la rentrée 2019.
Le 23/01/2019 sur LCI, au micro de JP Pernaud, avec son cynisme habituel, JM.Blanquer déclarait également : *« beaucoup de communes rurales craignent la suppression des classes...une crainte non fondée... »* (sic) ajoutant *«... si l'on se réfère à la nouvelle politique gouvernementale... »* .
Déclarations dont le sens ne doit pas nous échapper car c'est précisément là que le bât blesse ! Quelle est cette « nouvelle politique gouvernementale » ?
Le « rebond » dont fait état JM Blanquer passe par le développement des « conventions ruralité ».
De quoi s'agit-il ?
D'accords conclus entre l'Etat et les collectivités territoriales afin d'établir un schéma territorial pluriannuel d'évolution de l'organisation scolaire en zone rurale dans le premier degré dans le but, non seulement d'une restructuration de l'offre scolaire avec une mise en réseaux des établissements scolaires, mais également en vue d'une amélioration de l'offre scolaire.

Qu'est-ce à dire ?

Restructuration

D'une part, que les écoles communales disparaissent au profit des réseaux, ce qui provoque l'exaspération des maires qui sont totalement dessaisis de leur pouvoir de décision et en même temps, soumis à un chantage permanent : ou ils acceptent les propositions (sic) prévues par la « convention ruralité » et participent donc à la destruction de l'école communale, ou l'Etat leur impose de toutes façons, les mesures décidées à l'avance !
C'est la démocratie selon Macron/Blanquer : « Causes toujours » !
Mais le problème encore plus crucial est de savoir au profit de qui se fait cette « restructuration de l'offre éducative ». (sic)

Pour faire accepter cette « restructuration », il a beau jeu d'user cyniquement d'un argument de poids, à savoir promettre de ne pas réduire le nombre d'enseignants, suggérant ainsi l'idée qu'il fait une concession au monde rural alors même que cette situation est tout à l'avantage du ministre dans la mesure où il a besoin d'enseignants pour mener sa politique assassine d'éducation prioritaire et que ces enseignants de l'Ecole rurale vont ainsi être recyclés directement et sans discussion dans des classes de réseaux d'éducation prioritaire (R.E.P et R.E.P+).

Le tour est joué pour JM Blanquer mais dans tout cela, non seulement la population rurale ne gagne rien, mais perd tout !

Amélioration de l'offre scolaire

De plus, en contre-partie de l'engagement de ne pas supprimer des postes, les élus locaux doivent accepter d'engager une démarche de travail avec l'Education Nationale et également entre eux, avec pour objectif l' *« amélioration de l'offre scolaire sur les territoires »*, et pourquoi pas, avance JM Blanquer, en implantant des dispositifs *« scolarisation des moins de 3 ans »* et « *plus de maîtres que de classes* ».
Or, cette disposition existe uniquement en faveur des immigrés.
D'ailleurs, le ministre mentionne :
« *Dans les 45 départements les plus ruraux, 400 emplois supplémentaires ont été attribués sur deux ans en dépit d'une baisse d'effectifs de 40 000 élèves »* et d'ajouter : *« ces efforts s'accompagnent d'un soutien volontariste à la qualité de l'offre éducative sur tout le territoire (concerné) : le développement des classes bi-langues et de l'enseignement du latin et du grec depuis la rentrée 2017 en est une illustration ...avec deux actions 'écoles numériques innovantes et ruralité' et 'collèges numériques et innovation pédagogique' pour un coût total de 50 millions d'euros dans le cadre des investissements d'avenir* », autrement dit, d'emprunts

que les gaulois – réfractaires ou non - seront les seuls à rembourser !

Or, latin et grec sont totalement supprimés des programmes scolaires de nos enfants et réservés uniquement aux classes de R.E.P.

Dans ces conditions, il est évident que ces 400 emplois supplémentaires attribués à ces réseaux constitués en milieu rural sont destinés aux immigrés.

Non content de cela, le ministre déclare qu'*« un minimum de 2000 créations de postes par an sera nécessaire et 2300 postes seront créés dans cette optique, dès la rentrée prochaine »,* ce sera donc encore et forcément pour eux.

De surcroit, le ministre précise que *« le gouvernement appuie également l'offre d'internat avec la revitalisation de plus 2500 places à la rentrée 2018 des « internats d'excellence ».* Or, nous savons qu'ils sont également réservés aux élèves issus de l'immigration dans le cadre de la « refondation de l'éducation prioritaire » basée sur la recherche de l'excellence contrairement à celle destinée à nos enfants pour lesquels d'Ecole devient un simple lieu de vie basé sur des activités et pour lesquels aucun internat ne se justifie.

Donc, toute cette amélioration de l'offre scolaire est destinée aux populations issues de l'immigration pour lesquels sont créés des R.E.P et R.E.P+ en milieu rural.

Il est d'ailleurs à souligner que les « conventions ruralité » s'organisent sous le patronage du préfet, au nom du gouvernement avec le concours des représentants des collectivités locales et de l'Education, ainsi que la participation de la « direction départementale de la cohésion sociale », c'est-à-dire du service départemental du ministère de la cohésion des territoires, autrement dit, celui destiné à la politique sociale et éducative des R.E.P et R.E.P+.

A la rentrée 2017, 40 *« conventions ruralité »* ont été signées, 66 au total en 2018 et 2019.

Dans le cadre de ces *« conventions ruralité »*, voici quelques exemples de soutien aux départements ruraux :

Meurthe et Moselle : 571 élèves en moins, 26 créations de postes, 23 élèves par classe,

Doubs : 327 élèves en moins, 14 créations de postes, 21 élèves par classe

Vendée, circonscriptions de Luçon et de Fontenay le Comte situées en zone rurale : + 7 postes pour les dédoublements de CP, 15 élèves par classe...

Donc, moins d'élèves dans ces classes rurales destinées aux immigrés que ces mêmes classes rurales destinées aux populations rurales qui ont été dans l'obligation de fermer sur injonction de l'administration et ce, en raison « d'effectifs insuffisants » (sic), dans le but de leur substituer ces populations.

Conclusion

La suppression des écoles communales va donc avoir pour effet de pousser les populations rurales vers les villes afin de pouvoir assurer la scolarisation de leurs enfants.

Par contre, les « conventions ruralité » sont destinées à ce que les populations immigrées viennent s'installer en milieu rural.
C'est ce que JM Blanquer signifie lorsqu'il déclare :
« *développer une stratégie pour un rebond du monde rural, son but étant de le rendre attractif afin que des familles s'y installent* ».
Voilà le dessous des cartes de la politique des « territoires » de Monsieur Blanquer !
Voilà la politique du grand remplacement du ministre de l'éducation en milieu rural.

JM BLANQUER
ET LA FONDATION « ESPERANCE BANLIEUES »

JM Blanquer a toujours été intéressé par les écoles hors contrat, mais seulement celles de la *« Fondation Espérance Banlieues »* (F.E.B.), fondation abritée par la « Fondation pour l'Ecole » (F.P.E.).
Rappelons à cet égard que, lorsqu'il est allé au sommet européen de l'éducation en janvier 2018, il a « emporté dans ses bagages » Eric Mestrallet, président de la F.E.B. (de même que François Xavier Bellamy...) et non Anne Coffinier, alors directrice générale de la Fondation pour l'Ecole.
La « Fondation espérance banlieues », ainsi que son appellation le laisse à penser, est une fondation destinée à la scolarisation des élèves des banlieues, scolarisation dispensée dans le cadre d'écoles hors contrat - ou indépendantes - ne recevant donc aucun

financement public. Actuellement 16 écoles scolarisent 600 élèves.
Alors que la création d'écoles hors contrat pour nos enfants n'avait soulevé aucun enthousiasme mais plutôt des critiques de la part de la classe politique, dès la création de la « Fondation Espérance Banlieues » en 2012, les mêmes politiques se sont montrés très favorables, ainsi de Pécresse, Fillon, Blanquer, Philippe, Lemaire... et très vite, les fonds privés ont afflué, tant de particuliers bien lotis, tels Bébéar, Lachmann, que de grandes entreprises telles « Bouyghes », « Engies », « fonds d'investissement Amiral Gestion »...
C'est ainsi qu'en 2017 « la Fondation Bettencourt », a fait un chèque de 3,4 millions d'euros sur 5 ans à la « Fondation Espérance Banlieues » avec l'ambition qu'elle passe à la vitesse supérieure, Eric Mestrallet estimant la demande entre 100 et 200 écoles ! pas moins !
Comme le souligne à juste titre un article de Challenges du 8 avril 2019, ce sont les *« écoles préférées du CAC 40 » !*
La question qui se pose est celle de savoir l'utilité de la « Fondation Espérance banlieues » - F.E.B. - dans le maquis de dispositifs d'excellence déjà bien établis et réservés aux élèves issus de l'immigration sous la férule, non seulement du ministère de l'Education nationale, mais également du ministère de la Ville et de bien d'autres ministères dont celui de la culture, également impliqués dans cette politique élitiste réservée aux élèves issus de l'immigration ?

Motifs invoqués de la création de la F.E.B

Selon Anne Coffinier, alors directrice générale de la « *Fondation pour l'Ecole* », diplômée d'études arabes générales et « Young European Leader » depuis 2008, la création de la *« Fondation Espérance Banlieues »* avait pour but de mettre en évidence que tous les enfants de tous les milieux pouvaient recevoir avec profit un enseignement de qualité dans les écoles hors contrat en raison du fait que nos gouvernants successifs prétendaient que ces écoles ne pouvaient être profitables qu'à des élèves issus de milieux favorisés, motif qui faisait obstacle à la perspective de généraliser le dispositif qu'Anne Coffinier prétendait avoir pour objectif.
Le second motif de cette création et corollaire du précédent fut donc que le fait d'apporter cette preuve pourrait permettre de faire évoluer l'ensemble du système éducatif français moribond, partant du postulat que le système éducatif s'écroulait du fait, tout simplement, que nos gouvernants successifs ne savaient pas ce qu'il fallait faire pour dispenser un enseignement de qualité à tous les enfants.
C'était, évidemment , partir d'un postulat faux ; c'était considérer que nos gouvernants successifs étaient des imbéciles ou tout au moins des incompétents, faisant ingénument cette politique éducative délétère pour nos enfants et à qui il fallait montrer le chemin afin qu'ils puissent restaurer un système éducatif de qualité alors qu'ils savent depuis toujours ce qu'ils font : par touches

successives, ils participent à la destruction méthodique et progressive de l'institution scolaire pour nos enfants en application du plan révolutionnaire Langevin-Wallon de 1947 et ils travaillent avec une détermination aussi farouche à l'émergence d' un système scolaire d'excellence pour les élèves issus de l'immigration dans le but d'accompagner le « grand remplacement » de population, faire des élèves issus de l'immigration l'élite de la Nation, et de nos enfants, les assujettis.

Pour preuve supplémentaire qu'ils savaient qu'un enseignement de qualité profitait à tous, quel que soit le milieu social, rappelons que la *« Fondation Espérance Banlieues* » (F.E.B) a été créée en 2012, suite à la création de la Fondation pour l'Ecole en 2008, c'est-à-dire bien après qu'existent déjà tous les dispositifs d'excellence réservés aux élèves issus de l'immigration dans le but de leur dispenser un enseignement de qualité avec des taux de réussite remarquables, notamment :

. les *« équipes de réussite éducative* » créées en **2005,** destinées à donner les bases solides du savoir et qui en 2007, avaient déjà bénéficié à plus 30 000 élèves des banlieues.

Ce dispositif a d'ailleurs été salué ultérieurement par Vincent Peillon, alors ministre de l'éducation qui avait déclaré :

« Cela prouve qu'avec l'usage de méthodes pédagogiques efficaces, les élèves réussissent » (sic) ! le cynisme ne manque pas à nos ministres !

. les *« écoles de la 2nde chance »* dont la première fut créée en **1997** à Marseille et qui bénéficient à 15000 de ces « jeunes » chaque année avec environ 60% de sorties positives,
. les 20000 places d' *« internats d'excellence »* créés par JM Blanquer soi-même dès **2008**.....qui s'est toujours félicité des résultats obtenus,
. le « *programme égalité des chances* » qui a débuté dès **2002** à l'ESSEC et a été étendu à toutes les écoles supérieures de prestige dès 2008, afin de faciliter l'accès à l'enseignement supérieur d'excellence des jeunes issus de l'immigration avec des taux de réussite dépassant de beaucoup la moyenne nationale....
Donc, dès cette époque et a fortiori en 2012, date de création de la F.E.B, il semble que tout un chacun se préoccupant et s'occupant des questions d'éducation devait être au courant de tous ces dispositifs en faveur des élèves issus de l'immigration.
De ce fait, il est permis de s'interroger sur le fait de savoir si l'émergence de cette F.E.B se justifiait réellement.

Des résultats inverses de ceux prétendument « recherchés »

Néanmoins, si le but de la création de la F.E.B fut de faire évoluer l'ensemble du système éducatif, nous pouvons malheureusement nous rendre à l'évidence : non seulement ce n'est pas le cas, mais c'est exactement le contraire.

La loi Gatel votée en 2018 est là pour en apporter la preuve : non seulement l'Education Nationale n'a pas du tout l'intention de se calquer sur les écoles hors contrat qui ont évidemment des résultats autrement meilleurs que ceux obtenus au sein de l'Education Nationale - et ce n'est pas ce que JM Blanquer recherche pour nos enfants - mais par cette loi, les écoles hors contrat - mais seulement celles destinées à nos enfants - se voient contraintes de se calquer sur les programmes et les méthodes de l'Education nationale.
Dans ces conditions, il eut été logique que, dès le vote de cette loi, Anne Coffinier « mette les cartes sur la table » à JM Blanquer.
Elle disposait de tous les atouts pour démontrer que les méthodes et les contenus des « programmes »(sic) de l'Education nationale ne permettent pas de structurer la scolarité des élèves et mettre en évidence le gouffre abyssal existant entre les moyens et les résultats obtenus par les écoles hors contrat et ceux de l'Education Nationale et de ses satellites pour justifier une remise en cause de cette loi.
Or, non seulement elle ne l'a pas fait, mais elle a indûment encensé JM Blanquer au cours de différentes interventions dans les medias sans jamais apporter les preuves de la véracité des propos avancés, ainsi : « *ceux qui pensent que l'on a de la chance avec JM Blanquer ont raison*... ou bien « ... *JM Blanquer prend un certain nombre de décisions bienvenues...* » sans dire lesquelles, affirmations sans fondement et qui dépassent largement les exigences de la diplomatie.

Par ailleurs, mise en cause en interne dès la rentrée 2018 par des directeurs d'écoles hors contrat hors réseaux d'éducation prioritaire, qui lui ont reproché d'absorber de nombreux postes d'enseignants pour la F.E.B. pendant qu'eux en manquent cruellement, cette mise en cause a été largement relayée sur les réseaux sociaux au printemps 2019 où son départ de la F.P.E. fut souhaité et largement formulé.

De surcroit, ayant critiqué la politique éducative menée par la F.E.B, prétendant *« une fuite en avant »* par le fait de l'ouverture de plus en plus d'écoles à un rythme bien plus rapide que pour celles destinées à nos enfants, Anne Coffinier a prétendu qu'Eric Mestrallet, président de la F.E.B « *avait dévoyé sa mission initiale de se servir de la liberté du hors-contrat pour inventer un nouveau modèle et interpeller l'Etat* » (sic).

Or, c'est à Anne Coffinier, en tant que directrice générale de la Fondation pour l'Ecole, que revenait cette mission et non seulement elle a cautionné cette politique dans la mesure où, comme pour toutes les fondations abritées par la F.P.E, la F.E.B n'a pas de personnalité juridique et que c'est elle qui décidait de l'orientation à donner à la F.E.B, mais même à considérer qu'Eric Mestrallet eut pu agir sans son aval, elle avait également tout pouvoir de s'opposer à l'orientation éducative qu'il servait.

Or, elle ne l'a pas fait tant qu'un audit ne lui a pas été demandé.

Par ailleurs, ayant connaissance de la réalité de la politique d'éducation prioritaire d'excellence menée

par le gouvernement dans les R.E.P. auprès d'un nombre considérable d'enfants et pour qui des milliards de nos deniers sont déversés chaque année, elle n'a jamais engagé, au nom de l'égalité de tous les enfants dont nos gouvernants nous rebattent pourtant les oreilles, l'indispensable combat afin d'obtenir le financement personnalisé de la scolarité des élèves des écoles hors contrat par l'Etat avec le chèque-éducation par exemple, élèves qui vivent dans la pauvreté pendant que les élèves des réseaux d'éducation prioritaire (R.E.P.) sont abreuvés de ressources et traités comme des princes !
Tout ceci n'a pu que provoquer des tensions au sein de la F.P.E. et entraîné, à la fois le licenciement d'Anne Coffinier à la rentrée 2019 et la scission de la F.E.B. et de la F.P.E. « *pour la poursuite du développement d'espérance banlieues* » déclare son président Lionel Devic ; c'est ce que confirme le journal « le Monde » : « *la F.E.B prend son envol* » ;
De fait, la F.E.B. oeuvre désormais sous l'égide de la « Fondation de France » ! quant à Anne Coffinier, elle vient de créer la fondation Kairos...pour l'attribution de bourses sociales à des familles à revenus modestes. L'affaire est à suivre.

Une scission qui fait l'affaire du ministère de l'éducation

. Une scission qui fait l'affaire de Monsieur Blanquer puisque la politique éducative menée par la F.E.B vient en appui de la politique préférentielle du ministre de l'Education en faveur des populations issues de l'immigration dans les R.E.P (1200 sur le territoire national scolarisant environ 1 500 000 élèves).

Il est clair que les écoles de la F.E.B organisées en réseaux (Association des Réseaux Espérance Banlieues – A.R.E.B.) qui bénéficient déjà de l'appui financier des grandes entreprises (dont ne bénéficient pas les écoles hors contrat pour nos enfants) mais aussi des municipalités vont, agir en complémentarité avec la politique éducative des R.E.P. et bénéficier des financements pharaoniques afférents à ces établissements.

Notons à cet égard qu'en 2017, lors d'une soirée organisée par le Rotary-Club de Toulouse-Laugaray par exemple, une levée de fonds a été faite pour l'école hors contrat de Toulouse.

La F.E.B présentait un projet prévisionnel de 210 000 euros pour 25 élèves et deux enseignants (8400 euros par élève).

Il serait actuellement de 180000 euros pour 5 élèves, soit 36000 euros par élève, les principales sources de financement provenant des grandes entreprises, banques, P.M.E et commerces et personne n'a « bronché » pour recevoir ces financements !

. De plus, cette scission va permettre au ministre de l'éducation de mettre en œuvre la loi Gatel pour nos enfants.

Tant que la F.E.B faisait partie de la F.P.E, il lui était difficile de mettre en œuvre cette loi puisque les écoles

de la F.E.B nourrissent sa politique d'excellence en faveur des populations issues de l'immigration et il lui était difficile d'appliquer aux uns ce qu'il ne souhaitait pas appliquer aux autres.
Désormais, il a tout pouvoir pour achever sa politique destructrice de l'oeuvre scolaire bâtie par la F.P.E et autres institutions aux objectifs convergents pour faire toute la place à la politique d'éducation dite « prioritaire ».
Donc, non seulement, tout ceci ne règle pas le problème très préoccupant de pénurie de recrutement d'enseignants qui font cruellement défaut dans les écoles hors contrat de nos enfants, mais le risque à court terme est celui de la neutralisation des écoles hors contrat.
Doublant la politique d'excellence réservée aux immigrés par l'Education Nationale dans les R.E.P et R.E.P+, la F.E.B, sans vergogne, « sert la soupe » à la politique discriminatoire de JM Blanquer et creuse un peu plus la tombe de la France !
Les enseignants formés par la F.P.E devraient ipso facto « quitter le navire » de la F.E.B - qui n'a plus sa raison d'être puisqu'elle ne sert ni l'intérêt de nos enfants ni celui de la France - et faire servir leurs compétences et leur énergie à l'éducation et à l'instruction de nos enfants qui en ont bien besoin !
Il est à craindre cependant, que l'appât du gain des personnels de ces établissements abreuvés par les financements les plus divers dont sont privées les écoles destinées à nos enfants fera renier toute morale

et qu'ils continueront à apporter leur caution à cette politique éducative aussi immorale que destructrice de notre avenir et de celui de la France.
Cette situation est d'autant plus choquante que la plupart des personnels ont été formés par l'Institut Libre de Formation des Maîtres (I.L.F.M.) créé par la Fondation pour l'Ecole et fonctionnant sous son égide et que ce sont des jeunes de culture plutôt catholique.

Comme l'a souligné à juste titre un commentateur :
« On ne peut que se poser des questions lorsque la fine fleur de la jeunesse catholique soit dévouée pour former les élites musulmanes de la France musulmane... »

La poursuite de la politique menée par la F.E.B constitue donc une trahison dans la mesure où elle fait le jeu de nos gouvernants et de ceux qui les manipulent pour détruire l'identité française de tradition catholique en la remplaçant par une population musulmane et de former les futures élites de la république islamique de France.
C'est tellement vrai qu'un cadre de la F.E.B a déclaré :
« la France musulmane sera toujours la France » !
Etait-ce l'objectif de départ ?

RESULTAT DE CETTE POLITIQUE : UN BAC A 3 VITESSES

Comme le « bac » reste un label incontournable pour toutes les familles, l'enveloppe « bac » subsiste mais le

contenu est forcément à géométrie variable : ce diplôme ne peut pas être le même pour tous les publics.
La disparité des types de scolarisation aux objectifs et aux moyens diamétralement opposés en fonction des publics concernés fait obstacle à un bac uniforme et dans les faits, trois « bacs » très différents, tant dans la forme que sur le fond, vont avoir lieu :
. Un simulacre de bac pour nos enfants,
. Un bac traditionnel renforcé pour les élèves des écoles hors contrat (écoles indépendantes),
. Un bac international pour les élèves issus de l'immigration.
Ce système va permettre de masquer au public que le bac des élèves scolarisés dans les établissements de l'Education nationale et de ses satellites, ne peut être que l'ombre de lui-même.
C'est ainsi que le dispositif mis en place n'a d'autre but que de faciliter l'attribution de ce diplôme qui ne représentera plus rien, tant au niveau de la formation intellectuelle que de la culture et des compétences.

Tout est fait également pour rendre beaucoup plus difficiles et sur des bases autres, les conditions d'attribution du bac pour les élèves des écoles indépendantes (écoles hors contrat).
Le but étant qu'ils puissent plus facilement être mis en échec, prétendre ainsi que l'enseignement public est meilleur que l'enseignement privé, donne davantage de bons résultats et de chances aux élèves.

Tout ceci est corroboré par l'utilisation qui est et sera faite de « *Parcoursup* », véritable « bouteille à l'encre » qui permet au système ministériel d'admettre dans l'enseignement supérieur les élèves qu'il souhaite et non ceux qui le méritent !
Quant au « bac international » (à ne pas confondre avec le bac à option « international »), basé sur l'excellence et le bi-linguisme, il est réservé aux élèves issus de l'immigration scolarisés dans les lycées d'excellence et les sections internationales, ce qui leur permet d'accéder aux meilleures études et aux fonctions les plus hautes.

Un simulacre de bac pour nos enfants

Le bac nouveau pour nos enfants n'a plus de « bac » que le nom quand bien même JM Blanquer a le cynisme de déclarer que *« l'objectif principal de cette réforme est de donner davantage de poids au diplôme du bac » !*
En effet, la réforme du bac pour les élèves de l'Education Nationale et de ses satellites, c'est-à-dire les établissements privés sous contrat, repose essentiellement sur la mise en place d'un contrôle continu, véritable auberge espagnole !
C'est un système logique.
Avec des épreuves partielles organisées par les établissements, les notes des bulletins attribués par les professeurs des élèves concernés, la présentation de projets d'élèves sans obligation de résultat pré-établi, comment pourrait-il en être autrement ?

Tout ceci résulte du chamboulement de l'ensemble de l'organisation scolaire : les lycées chamboulés à la suite des collèges, eux-mêmes à la suite du chamboulement de l'organisation de l'école primaire où la plus grande partie des cours est supprimée au profit d'activités.
Le bac nouveau marque donc l'aboutissement d'un processus de destruction de l'institution scolaire pour nos enfants, il est forcément vidé de sa substance.

Un bac renforcé pour les élèves des écoles hors contrat

Quant au bac concocté par JM Blanquer pour les écoles hors contrat, ses caractéristiques se démarquent en tous points du prétendu bac destiné aux candidats issus de l'Education Nationale et de ses satellites

En effet, l'arrêté du 16 juillet 2018 relatif aux modalités d'organisation du contrôle continu pour le prétendu bac destiné aux candidats issus des établissements de l'Education Nationale et de ses satellites, exclut de ce dispositif les candidats qui sont scolarisés dans les établissements indépendants.
Ainsi, pour les élèves des écoles hors contrat, 100% des épreuves ont lieu fin de terminale, contrairement aux autres élèves.
L'article 9 stipule que le contrôle continu est remplacé par une épreuve ponctuelle pour chaque enseignement concerné par le contrôle continu des candidats de l'Education Nationale et de ses satellites.

De plus, les conditions et modalités des épreuves qui remplacent le contrôle continu sont inconnues alors que les modalités d'organisation des épreuves de contrôle continu le sont d'ores et déjà pour les autres élèves,

. Les épreuves porteront sur deux ans et non un seul,

. Les examens et les jurys seront de facto spécifiques pour les épreuves des écoles indépendantes,

. Leur note en histoire-géographie, langue vivante A, langue vivante B et E.P.S (éducation physique et sportive) sera composée d'une épreuve pour chaque matière, tandis que celle des autres élèves sera établie sur un total de trois épreuves,

. Les candidats des écoles indépendantes seront jugés dans *« parcoursup »* sur seulement 50% de leur note prévisionnelle, contre 76% pour les autres élèves.

Il est donc évident qu'il s'agit d'une part, de mettre le plus possible en difficulté les élèves des écoles hors contrat afin de masquer l'indigence du prétendu bac des élèves de l'Education Nationale et de ses satellites et l'incomparable supériorité des élèves des écoles hors contrat, d'autre part, de se servir du dispositif « *parcoursup* » pour leur barrer le plus possible la route de l'enseignement supérieur d'excellence.

Un bac international pour les élèves issus de l'immigration

Certes, la nuance n'apparaît pas évidente. Cependant, il ne s'agit pas de confondre « option bac international »

de l'*« option bac international » des lycées français,* préparé notamment dans les quelques lycées dits « internationaux » comme celui de St Germain en laye, cursus de l'enseignement d'excellence français - bilingue et bi-culturel - qui s'inscrit dans la lignée de l'enseignement à la française dont la culture gréco-latine est le creuset. Les élèves passent les mêmes épreuves que ceux des autres lycées avec, en plus, des épreuves spécifiques relevant de la langue choisie.
Quant aux *« sections internationales » au lycée,* elles préparent à un « bac international » ;
C'est un diplôme étranger qui se prépare en principe, dans des établissements relevant de l'Organisation du baccalauréat international (IBO).
Il est appelé également « baccalauréat de Genève ».
Quoi qu'il en soit, les deux cursus correspondent à des parcours d'excellence aboutissant à deux diplômes également prisés par les universités les plus prestigieuses du monde.
Néanmoins, le bac nouveau va changer la donne.
Les élèves scolarisés dans les lycées à « option bac international » étant assujettis à la réforme du lycée de laquelle découle la réforme du bac, vont être soumis aux mêmes épreuves que les candidats des autres lycées, auxquelles s'ajoutent seulement les épreuves spécifiques relevant de la langue choisie. Il est donc à redouter un affaissement certain du niveau de ces élèves.
Par contre, les élèves issus de l'immigration scolarisés dans les « internats d'excellence » et les E.P.L.E.I

(Etablissements Publics Locaux d'Enseignement International) réservés aux élèves issus de l'immigration - seuls cursus d'excellence résiduels - sont soumis aux épreuves du « bac international » dit « bac de Genève », qui n'a rien à voir avec le bac français ou bac à option international.

CONCLUSION

Voilà les œuvres de JM Blanquer qui aggrave avec un cynisme glaçant, la politique immigrationniste et mondialiste tracée par ses prédécesseurs où la volonté d'écrasement de l'excellence française marque la haine pathologique de ceux qui nous gouvernent à l'égard de la France et des Français et leur collaboration à la volonté de destruction de son identité par le monde islamique, vecteur des mondialistes.
Mentionnons à cet égard, que cette politique découle de la résolution de Strasbourg de 1975 par laquelle les dirigeants européens se sont engagés auprès des dirigeants musulmans à islamiser l'Europe selon les règles édictées par les pays du Maghreb et du Moyen-Orient, en marge des négociations avec l'OPEP sur le prix du pétrole.
Par ailleurs, l'ISESCO (organisation islamique pour l'Éducation, les sciences et la culture) a produit un document dans lequel il est écrit :
« Le mode d'action des musulmans consiste à « implanter » des communautés islamiques ...qui ont pour vocation de prendre les postes-clés au niveau

économique, politique et communicationnel dans les pays hôtes ».

Cette politique éducative est donc le fruit empoisonné de cette haute trahison de ceux qui nous gouvernent, de leur collaboration sans état d'âme au grand remplacement des élites dans tous les domaines et à tous les niveaux.

Annexe : COLLEGE DE REP+

Extraits du règlement intérieur du collège Jules Verne à Montpellier

....Le collège est un ***lieu d'étude et de travail*** *....L'usage du* ***téléphone mobile,*** *toutes fonctions confondues,* ***et d'autres biens personnels numériques,*** *sont* ***strictement interdits*** *au sein de l'établissement.*

...Le ***carnet de correspondance*** *est l'instrument de liaison entre l'établissement et les familles qui doivent en vérifier quotidiennement le contenu*
...Fin octobre, un ***relevé de notes*** *est transmis à la famille par l'élève. à l'issue de chaque trimestre scolaire, la famille reçoit un* ***bulletin*** *portant <u>dans chaque discipline</u> les résultats scolaires, les appréciations des professeurs, et la synthèse de la période établie par le Conseil de Classe.*
Les élèves sont informés en début d'année scolaire par chaque enseignant des modalités de ***contrôle des connaissances*** *et doivent les respecter.*

Récompenses : *Les* ***encouragements*** *sont attribués par le Conseil de Classe à des élèves qui, quel que soit le niveau des résultats obtenus, ont manifesté la qualité de l'effort et la volonté de progresser. Les* ***félicitations*** *sont attribuées, à l'unanimité, par ce même Conseil aux élèves dont les résultats et les appréciations consécutives sont reconnus proches de l'excellence.*

... Les élèves doivent ***travailler e****n classe et en salle de permanence, dans un climat calme et serein*
*Ils ont accès au CDI (lieu de travail, de recherche, d'animation pédagogique et d'information sur les métiers. L'****utilisation d'Internet*** *est* ***réservée****, sous contrôle du personnel présent au CDI,* ***à des recherches documentaires scolaires*** *et réglementée par une charte signée par les élèves et leur famille.*

*L'**obligation d'assiduité** consiste à participer au travail scolaire, à respecter les horaires d'enseignement, ainsi que le contenu des programmes et les modalités de contrôle des connaissances.*

*Le **rattrapage des cours** est une **obligation** pour les élèves qui ont été absents.*

***Les retards** répétés, du fait de l'élève ou de sa famille, seront punis ou sanctionnés.*

*. Les **punitions** : Elles concernent les manquements mineurs aux obligations des élèves et les perturbations dans la vie de la classe et de l'établissement (devoirs non faits, leçons non apprises, agitation en classe, dans les couloirs ou en permanence, insolence, absence ou retard injustifiés...): **devoir supplémentaire excuse orale ou écrite inscription sur le carnet de correspondance retenue avec devoir... exclusion ponctuelle d'un cours** : justifiée par un manquement grave,. Elle s'accompagne d'une **prise en charge de l'élève** par les services de la Vie Scolaire.*

Les sanctions : Les sanctions concernent les atteintes aux personnes et aux biens et les manquements graves ou répétés aux obligations des élèves :

*Ce sont **: l'avertissement :** rappel à l'ordre avec information des parents par écrit ; le **blâme , activités de solidarité, culturelles ou de formation**, ou à l'exécution d'une **tâche à des fins éducatives**, l'**exclusion temporaire**, l'**exclusion définitive**.*

*... Des **mesures d'accompagnement** sont prévues afin d'assurer la continuité des apprentissages, en cas d'exclusion temporaire de la classe (inclusion) ou de l'établissement : l'équipe éducative prend toute disposition afin de transmettre les cours et les devoirs pour éviter un retard préjudiciable à la poursuite de la scolarité. Il en est de même en cas de mesure conservatoire précédant un conseil de discipline.*

Toutes dispositions que l'on aimerait voir figurer dans le règlement intérieur des établissements scolaires destinés à nos enfants.

SOMMAIRE

AVANT-PROPOS
Une DESINFORMATION omniprésente

1–Désinformation, pourquoi ?......,,,,,,,,...16
2–Désinformation, comment ? ....,,...................................25
3-Blanquer en flagrant délit de désinformation...........................41

1ère PARTIE
L'avenir de nos enfants sacrifié par le système scolaire

I – ECOLE DE LA CONFIANCE DU FAUSSAIRE BLANQUER
1 - Garantie des savoirs fondamentaux pour tous ?..........................58
2 – abaissement de la scolarisation à 3 ans ?....................................60
3 – amélioration de la gestion des ressources humaines ?.............60
4 – Création de nouveaux instituts de formation ?...........................64
5 – Modification du temps de service des enseignants..................64
6 – Loi Dussoft au service du grand remplacement.........................65
7 - Une simplification du système éducatif
pour faire progresser l'Ecole ?...68
8 – Dédoublement de certaines (sic) classes..........................,,,,,,,...71
8 – Circulaire de rentrée 2019..,,,,,,,...71
* Priorité pour l'école primaire ?..,,,,,,,...72
Pour les REP...72
Et pour nos enfants ?..75
* Soutien de l'action pédagogique des professeurs...................76
* Activité artistique et culturelle...77
10 – « Sensibilisation à l'environnement »...77
11 – Evaluation du système scolaire : la grosse supercherie
* Un renforcement des évaluations ?...78
* Le loup planqué dans les déclarations de JM Blanquer..........79
* Deux types d'évaluations pour deux publics différents..........80
* L'imposture dénoncée par les syndicats.......................................85

II – LAÏCITE A GEOMETRIE INVARIABLE de BLANQUER
Philosophie, textes et pratique

1 – Philosophie 91
2 – Textes
* Loi de refondation de l'école 94
* Vademecum de la laïcité 94
3– Dans les faits
* Valeur phare : l'égalité et ses aberrations 98
* Complaisances avec les musulmans 104
* Collaboration avec le CRIF..108
* Intraitable avec les écoles hors contrat non musulmanes...109
* Arabisation et islamisation de nos enfants 113

III – PARENTS NON REPRESENTES, ENFANTS EN DANGER

. F.C.P.E 119
. P.E.E.P..124
. U.N.A.P.E.L 125

2nde PARTIE

Renforcement de la politique de grand remplacement des élites

I– RAPIDE HISTORIQUE 129

II - RENFORCEMENT DE LA POLITIQUE D'EXCELLENCE RESERVEE AUX R.E.P.

1. Dédoublement des classes 137
2. Dispositif « devoirs faits » 138
3. Dispositif « Jules » 138
4. Latin et grec 141
5. Développement des internats 142

6. Etablissements internationaux 143
7. Revalorisation des salaires..145
8. Cités éducatives..146
9. Après confinement..147

III « CONVENTIONS RURALITE » UNE ENTOURLOUPE AU BENEFICE DES REP

1 – Situation actuelle de l'Ecole rurale..152
2 – les 3 entourloupes de JM Blanquer..155
* Mise en œuvre obligée de la refondation de l'Ecole pour les ruraux..156
* Attribution des postes d'enseignants aux R.E.P....................157
* Conventions ruralité au bénéfice des immigrés....................158
- Restructuration..160
- Amélioration de l'offre scolaire..161

IV– JM BLANQUER ET LA FONDATION ESPERANCE BANLIEUES

V - CONSEQUENCES DE CETTE POLITIQUE EDUCATIVE : UN BAC A 3 VITESSES

* Un simulacre de bac pour nos enfants........................176
* Un bac renforcé pour les élèves des écoles hors contrat........................177
* Un bac international pour les élèves des R.E.P..........178

CONCLUSION

Annexe - Réglement intérieur d'un collège de R.E.P+....................183

Editions des Trianons

Imprimé en France

Achevé d'imprimer
Octobre 2020

Dépôt légal
4ème trimestre 2020